HERBERT DEMHARTER

Stimmungsvolles Krippenzubehör

HERBERT
DEMHARTER

Stimmungsvolles Krippen-zubehör

DETAILLIERTE
ANLEITUNGEN
IN WORT
UND BILD

AUGUSTUS

Die Deutsche Bibliothek – CIP-Einheitsaufnahme

Stimmungsvolles Krippenzubehör : detaillierte Anleitungen in Wort und Bild / Herbert Demharter. – Augsburg : Augustus-Verl., 1999
(Kreathek)
ISBN 3-8043-0205-X

Die im Buch veröffentlichten Ratschläge wurden von Verfasser und Verlag sorgfältig erarbeitet und geprüft. Eine Garantie kann dennoch nicht übernommen werden. Ebenso ist die Haftung des Verfassers bzw. des Verlages und seiner Beauftragten für Personen-, Sach- und Vermögensschäden ausgeschlossen.

Bei der Verwendung im Unterricht und in Kursen ist auf dieses Buch hinzuweisen.

Fotografie: Klaus Lipa, Augsburg
Zeichnungen: Herbert Demharter
Lektorat: Eva Dorrmann, München
Umschlagkonzeption: Kontrapunkt Kopenhagen
Umschlaglayout: Melanie Gradtke
Innenlayout: Michael Stiehl, Leipzig

AUGUSTUS VERLAG AUGSBURG 1999

Satz: Gesetzt aus 12 auf 15 Punkt Minion Condensed in Quark-X-Press von Michael Stiehl, Leipzig
Reproduktion: Repro Ludwig, A-Zell am See
Druck und Bindung: Appl, Wemding

Gedruckt auf 135 g umweltfreundlich chlorfrei gebleichtes Papier.

ISBN 3-8043-0205-X
Printed in Germany

Inhalt

Meiner Frau Rita einen besonderen Dank für Ihre Mithilfe.

Liebe Krippenfreunde,

alle Jahre wieder führt uns der Weg auf den Weihnachtsmarkt in unserer Stadt. Ein Besuch gehört ebenso zur Adventszeit wie der Duft von gebrannten Mandeln, Glühwein und Lebkuchen. Doch neben diesen kulinarischen Leckereien erwarten uns dort auch stimmungsvolle Weihnachtskrippen samt ihren schönen Figuren und all dem Zubehör.

Leider findet man von Jahr zu Jahr immer weniger Krippen von guter handwerklicher Qualität. Oft ist die Ausstattung wie Brunnen, Schubkarren oder Viehstall lieblos zusammengeklebt, so daß die Gegenstände oft sogar nicht einmal den Heimtransport überleben. Hat man Glück und findet doch ein schönes Stück, so paßt es oft von der Größe her nicht zur vorhandenen Krippe, die zu Hause steht.

Diese traurigen Erfahrungen, die auch ich machen mußte, haben mich dazu veranlaßt, meine Krippenausstattung selbst zu bauen. Besondere Anregungen fand ich dabei immer wieder beim Besuch von Freilicht- und Heimatmuseen, in denen alle diejenigen Gerätschaften versammelt sind, die seit jeher zu einer volkstümlichen Weihnachtskrippe gehören.

Das in diesem Band vorgestellte Krippenzubehör wurde von mir selbst schon viele Male angefertigt. Dabei habe ich versucht, die Arbeitsschritte soweit wie möglich zu vereinfachen, so daß die einzelnen Teile ohne besondere Vorkenntnisse nachgebaut werden können. Übersichtliche Konstruktionspläne, anschauliche Fotos und detaillierte Beschreibungen erleichtern Ihnen dabei die Arbeit und ermöglichen es, eine Krippe nach Ihren eigenen Vorstellungen zu gestalten, an der vielleicht noch nachfolgende Generationen Freude haben werden.

Herbert Demharter

Material

Krippenzubehör können Sie aus den verschiedensten Werkstoffen basteln. Für ein authentisches Aussehen verwendet man möglichst natürliche Materialien wie Holz oder Metall. Sie gehören zu den wichtigsten Baustoffen für Ihre Krippe. Kunststoffe sollten hingegen sehr überlegt eingesetzt werden und nur dann, wenn sie als solche nicht mehr auf Anhieb zu erkennen sind. So hat ein Plastikeimer in einer alten bäuerlichen Weihnachtskrippe nichts verloren.

Bis auf die Wachsbeize und die Dispersionsfarbe werden Sie vermutlich alle erforderlichen Materialien zu Hause haben.

Das am meisten verwendete Baumaterial sind Holzleisten, die Sie in unterschiedlichen Querschnitten (Quadrat- und Rechteckleisten) benötigen. In jedem gut sortierten Bastelgeschäft oder Baumarkt sind sie als Kiefernleisten in den Maßen von 2 x 2 mm bis 10 x 60 mm und größer vorrätig.

Darüber hinaus benötigen Sie Sperrholz in den Stärken 3 und 4 mm, bei einigen Modellen ist Stärke 6 und 10 mm erforderlich. Ich persönlich bevorzuge Pappelsperrholz, da es eine neutrale Oberflächenzeichnung besitzt und sich sehr gut beizen läßt.

Ferner brauchen Sie Rundstäbe aus Buchen- oder Kiefernholz, je nach Bedarf in verschiedenen Durchmessern. Auch einen Vorrat an Massivholzresten wie z.B. Brennholzscheite, Kistenholz oder Bretterabfälle sollten Sie bereitstellen, vorausgesetzt, das Holz hat nicht zu viele Äste.

Was das Ast- und Zweigholz anbelangt, sollte man möglichst nur festes Astholz wie das von Birke, Linde, Ahorn oder Strauchhölzern wie Haselnuß oder Liguster verwenden. Soll die Rinde entfernt werden, muß man die Äste im Frühjahr nach dem ersten Saft schneiden, damit sich die Rinde leicht abziehen läßt.

Erforderlich sind auch Styroporreste von Verpackungsmaterial oder Isolierplatten sowie blaues Tonpapier und Cellophanfolie.

Farben und Beizen erhält man in Malerfachgeschäften. Ich verwende ausschließlich Dispersionsfarben, bekannt unter dem Namen »Voll- und Abtönfarbe«, wie sie zum Weißen von Wänden und Decken eingesetzt werden. Sie sind in 250 ml Flaschen vorrätig.

Zum Beizen eignet sich sehr gut eine Wachsbeize mit grauem Farbton. Sie kann gestrichen oder getaucht werden und verleiht den Gegenständen eine passende Alterspatina.

Kleinmaterial wie Draht, Bindfaden, Blech (Dosen), dünne Schnüre, Fliegengitter und Vogelsand lassen sich nach Bedarf besorgen. Vielleicht haben Sie ja nette Nachbarn, die Ihnen damit aushelfen.

Materialliste

Holzleisten
Sperrholz
Rundstäbe
festes Astholz
Massivholzreste
Styroporreste
Dispersionsfarbe
Wachsbeize
Bohnerwachs
Bindfaden
Draht
Blech
Fliegengitter
Vogelsand
Cellophanfolie
blaues Tonpapier

Werkzeug

»Gutes Werkzeug ist die halbe Arbeit«, hat mein alter Schreinermeister einmal zu mir gesagt. Dies kann ich nur bestätigen. Gutes Werkzeug sorgt obendrein dafür, daß die Arbeit Spaß macht!

Bei der Auswahl der Werkzeuge beschränke ich mich bewußt auf die elementaren Handwerkszeuge, die meist in jedem Haushalt vorhanden sind. Seit einigen Jahren verwende ich fast ausschließlich japanische Holzbearbeitungswerkzeuge. Eine jahrtausendealte Tradition in der Holz- und Stahlbearbeitung sowie das große Wissen japanischer Schreiner und Schwertschmiede findet sich in diesen Werkzeugen wieder. Wer schon einmal mit solchen Sägen, Stemmeisen oder Hobeln gearbeitet hat, wird mir uneingeschränkt zustimmen. Da diese Werkzeuge in Deutschland leider nicht von jedem Fachgeschäft geführt werden, möchte ich Sie auf die Bezugsquellen am Ende des Buches hinweisen.

Die meisten Gegenstände werden Sie in Ihrem Werkzeugkasten vorfinden. Die japanischen Feinsägen sehen Sie oben links abgebildet.

Sägen

Feinsägen sind das wichtigste Hilfsmittel für die Anfertigung des Krippenzubehörs, deshalb verdienen sie besondere Aufmerksamkeit. Für das Zusägen der Einzelteile ist eine Säge mit extra feinem Schnitt von besonderem Nutzen, erspart sie Ihnen doch ein lästiges Nachschleifen der Schnittfläche und garantiert somit eine präzise Passung der Teile. Da japanische Sägen nur eine Blattstärke von 0,3 mm haben und die rasiermesserscharfen Zähne nur einen Zahnabstand von 1 mm, eignen sie sich sehr gut für feine Modellbauarbeiten. Ein zweiter großer Vorteil der japanischen Sägen ist, daß sie im Gegensatz zu unseren herkömmlichen gezogen und nicht gestoßen werden. Auf diese Weise wird ein Verbiegen und Einklemmen des Sägeblattes vermieden. Meist reicht schon das geringe Eigengewicht der Säge aus, um den Schnitt auszuführen. Übrigens kostet eine kleine japanische Feinsäge, die für unsere Arbeiten völlig ausreicht, nicht mehr als eine gute normale Feinsäge.

Für Bogen- und Kreisformen muß man allerdings zu einer Laubsäge greifen. Da sie zu den gebräuchlichen Werkzeugen gehört, brauche ich sie wohl nicht besonders vorzustellen. Ein guter Laubsägebogen ist in Fachgeschäften in verschiedenen Ausführungen erhältlich. Achten Sie darauf, daß die Flügelschrauben nicht zu klein sind und der ganze Bogen stabil konstruiert ist. Zum Öffnen und Schließen der Flügelschrauben ist ein Laubsägenschlüssel erhältlich, mit dem auch Kinder in der Lage sind, das Sägeblatt zu wechseln. Darüberhinaus sollten die Laubsägetische zum Festspannen am Arbeitstisch nicht zu klein sein.

Schnitzwerkzeuge

Schnitzmesser sind im Modellbau unverzichtbar, egal ob man nur einen Grat entfernt, ein kleines Hölzchen in Form schnitzt oder Äste spalten möchte. Für das Basteln von Krippenzubehör benötigen Sie vier verschiedene Messer: Grobe Arbeiten wie das Spalten von Holz (z.B. für Dachschindeln) werden mit einem einfachen flachen Messer ausgeführt. Dafür eignen sich gut alte Küchen- oder Fahrtenmesser, die man mit einem Hammer beschlagen kann. Zum Versäubern und Brechen der Kanten verwende ich dagegen ein kurzes Schnitzmesser mit einer flachen Klinge.

Schöne und saubere Kanten sehen oft zu neu aus, und bei der Gestaltung einer Weihnachtskrippe möchte man diesen Eindruck gerade vermeiden. Durch das Nachschnitzen einzelner Teile kann man diesen Alterseindruck künstlich erzeugen. Dafür benütze ich die beiden letzten Schnitzeisen: einen sogenannten Geisfuß mit v-förmiger Klinge sowie ein schmales Hohleisen mit halbrunder Klinge. Bei diesen Schnitzwerkzeugen sollten Sie unbedingt auf gute Qualität achten. Auch hier kann ich japanische Fabrikate empfehlen. Ganz abzuraten ist allerdings von Messern, die oft als ganzer Satz günstig angeboten werden. Da schlechte Klingen schnell stumpf werden und man gezwungen ist, ständig nachzuschleifen, wird das Arbeiten mit der Zeit sehr mühsam.

Bohrer

Elektrische Bohrmaschinen gehören mittlerweile zur Grundausstattung eines jeden Haushalts. Viele Heimwerker besitzen zudem Akku- oder Minibohrmaschinen. Doch zwingend notwendig ist eine elektrische Bohrmaschine für unsere Zwecke nicht, genauso gut läßt sich die gute alte Bohrwinde verwenden. Für alle Werkzeuge gilt natürlich die Voraussetzung, daß gut geschärfte Bohrer vorhanden sind. Bevor Sie mit den Bohrungen beginnen, sollten Sie mit dem Vorstecher den genauen Bohrpunkt markieren. Bei Bohrungen unter 3 mm muß jedoch ein Metallbohrer verwendet werden, da spezielle Holzbohrer in so kleinen Durchmessern nicht erhältlich sind.

Für Bohrlöcher ab 3 mm ist es ratsam, einen Holzbohrer mit zentrierter Spitze zu benützen, da er sich präziser ansetzen läßt und nicht so leicht aus der Mitte läuft. Bei kleinen Bohrungen von 1 bis 2 mm eignet sich ein Drillbohrer, der besonders leicht und handlich ist. Auch Kinder können damit gut umgehen, wenn sie beim Werken mithelfen.

Leim

Zum Verleimen der Holzteile verwende ich ausschließlich wasserfesten Holzleim, auch wenn er zum Trocknen etwas länger braucht. Er sorgt für eine gute Haltbarkeit und löst sich beim Eintauchen in die Beize nicht auf. Holzleim finden Sie in jedem Heimwerkermarkt in praktischen Gebrauchsflaschen. Verzichten Sie, wenn möglich, auf Heißkleber aus der Pistole, der ein sehr zügiges Arbeiten erfordert. Sie werden damit keine Freude haben. Zudem ist er für Kinder aufgrund der hohen Temperaturen sehr gefährlich.

Weitere Werkzeuge

Zur Grundausrüstung gehört ferner: ein kleiner Hammer, Nägel von ca. 10 bis 15 mm Länge, Schleifpapier in der Körnung 100 für gröbere und 150 für die feineren Schleifarbeiten, zwei kleine Schraubzwingen, eine Schlüsselfeile, eine Zange, sowie Winkel, Schmiege, Meterstab, Bleistift, Gummiringe und einige Wäscheklammern. Legen Sie sich diese Dinge zurecht, damit Sie bei Bedarf sofort darauf zurückgreifen können.

Selbstverständlich können Sie auch elektrische Geräte wie Ständerbohrmaschinen, Tischkreissägen oder Bandsägen einsetzen, wenngleich sie nicht unbedingt notwendig sind. Bedenken Sie, daß es nicht ganz ungefährlich ist, wenn filigrane Teile mit der Kreissäge zugeschnitten werden!

Werkzeugliste

Feinsägen
Laubsäge
kurzes Schnitzmesser
Küchen- oder Fahrtenmesser
Geisfuß mit V-förmiger Klinge
Bohrwinde
schmales Hohleisen mit halbrunder Klinge
Hammer
Nägel (ca. 10–15 mm lang)
Schleifpapier (Körnung 100 und 150)
kleine Schraubzwingen
Zange
Schlüsselfeile
Wäscheklammern
Gummiringe
Winkel, Schmiege, Meterstab
wasserfester Holzleim

Arbeitstechniken – Hilfsmittel

Bestimmte Abläufe und Techniken wiederholen sich bei einigen Modellen immer wieder. Deshalb habe ich diese Beschreibungen hier zusammengefaßt. Auch wenn Sie jetzt am liebsten gleich mit dem Werken loslegen möchten, sollten Sie dieses Kapitel zum besseren Verständnis der nachfolgenden Arbeitsanleitungen vorher sorgfältig durchlesen.

Vergrößern – Verkleinern

Für jedes Modell gibt es eine Zeichnung mit den genauen Maßangaben. Alle Maße sind in Millimetern angegeben und passen zu einer Figurengröße von etwa 10 bis 13 cm. Entscheidend ist natürlich, welche Figuren Sie selbst schon besitzen. Um ein harmonisches Gesamtbild zu erreichen, sollte das Zubehör unbedingt den Figuren und dem Krippenhaus angepaßt werden. Die einfachste Art, die richtige Größe herauszufinden, besteht darin, aus einem Stück Karton oder festem Papier ein Muster zuzuschneiden und es neben die Figuren zu stellen. Es genügt vollkommen, wenn dieses Vergleichsmuster als Schattenriß geschnitten wird. Haben Sie die richtige Höhe gefunden, so messen Sie diese exakt aus. In einem Copyladen können Sie sich dann die Orginalzeichnung auf dieses Maß vergrößern oder verkleinern lassen. Mit Hilfe dieser Kopie können Sie jetzt alle neuen Maße ermitteln.

Ein aus festem Karton geschnittenes Muster hilft Ihnen, das richtige Größenverhältnis für Ihre Figuren zu finden.

Holzverbindungen

Die meisten Teile werden stumpf verleimt und bei einzelnen Werkstücken zusätzlich durch Nägel gesichert. Um ein Springen der dünnen Leisten zu vermeiden, sollten Sie jedoch die Bohrstelle erst markieren und dann vorbohren. Eine Verbindung läßt sich auch durch eine halbe oder ganze Überplattung – auch Kreuzüberplattung genannt – herstellen. Hierbei werden eine oder zwei Leisten bis zur Mitte eingesägt, das Holz zwischen den Schnitten entfernt und die Teile ineinander gepaßt.

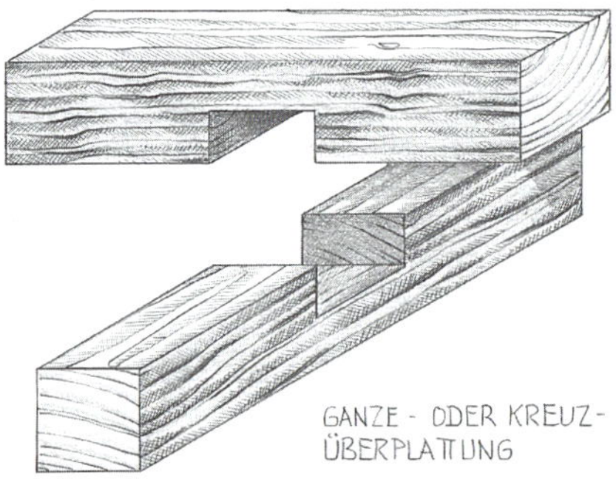

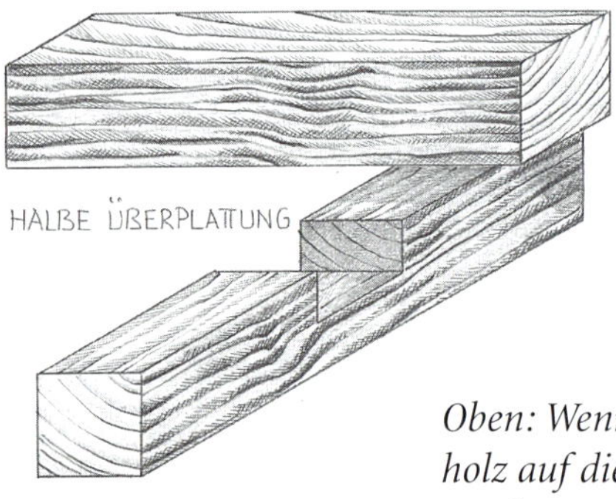

Holz spalten

Dachsparren, Zaunlatten, Wandverkleidungen und vieles mehr wird aus Holzschindeln gebaut. Wenn Holz bewußt auf alt gebeizt wird, sieht es sehr dekorativ aus. Zum Spalten des Holzes eignen sich am besten astfreie Reste von Nadelhölzern. Spalten Sie immer quer zu den Jahresringen.

Oben: Wenn Sie das Spaltholz auf die gewünschte Größe zusägen, z. B. Dachschindeln 28 x 18 mm, achten Sie auf den Verlauf der Jahresringe. Das rechte Holzstück läßt sich gut spalten, das linke ist ungeeignet.

Mitte: Setzen Sie das Messer im gewünschten Abstand (1–2 mm) auf Ihr Holzstück, und spalten Sie die einzelnen Dachschindeln mit einem leichten Hammerschlag ab.

Unten: Werden nur wenige Schindeln gebraucht, so kann man sie zuerst spalten und anschließend auf das angegebene Maß zuschneiden.

Nachschnitzen

Wenn Sie das Zubehör für Ihre Weihnachtskrippe neu basteln, sollte es nicht so aussehen, als käme es gerade aus der Schreinerei. Ein Starenkobel, Zaun oder Vogelhäuschen gewinnt erst dann an Charme, wenn es Gebrauchsspuren des Alltags aufweist. Solche Spuren lassen sich leicht mit dem Schnitzmesser beibringen.

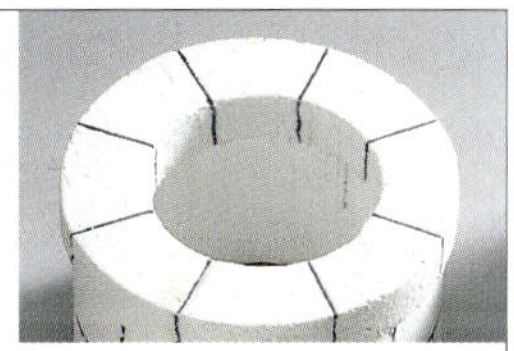

Styropor schneiden

Bei der Fertigung von Brunnenbecken und Felsen haben Sie die Wahl zwischen Holz oder Styropor. Einen Brunnen aus Holz zu schnitzen erfordert schon einige Erfahrung. Besitzen Sie diese Kenntnis nicht, verwenden Sie lieber Styropor, das sich weitaus besser bearbeiten läßt. Man kann es leicht schneiden beziehungsweise sägen und relativ einfach bemalen. Das Schneidemesser muß jedoch sehr scharf sein. Bemühen Sie sich, ziehend zu schneiden. Oft ist es einfacher, die grobe Form mit der Feinsäge herauszuschneiden, um sie dann mit dem Messer weiter zu bearbeiten.

Oben: Nachdem das Werkstück verleimt ist, schnitzen Sie die Kanten ein. Falls gewünscht, wird es zuletzt noch gebeizt.

Mitte: Dachschindeln werden vor dem Aufleimen geschnitzt.

Unten: Der Starenkobel erhält seine Gebrauchsspuren noch vor dem Zusammenbau.

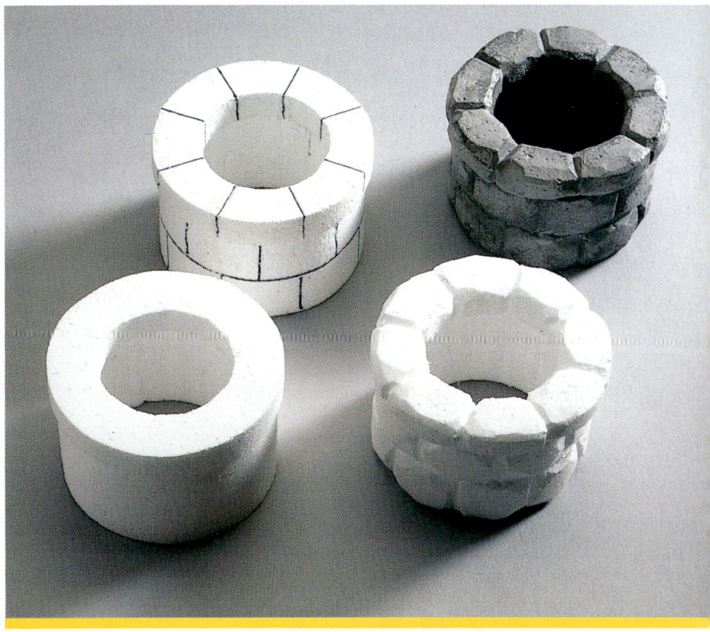

Vom maßgenauen Rohzuschnitt bis zur Endform des Brunnenbeckens sind vier Schritte notwendig.

Schleifen

Geschliffen werden fast nur kleine Flächen. Da man sie jedoch meist schlecht greifen kann, lassen sie sich äußerst schwer bearbeiten. Eine Schleifhilfe, die das zu schleifende Teil festhält, sowie kleine Schleifhölzer sind dabei sehr nützlich.

Schleifhilfe und Schleifhölzer erleichtern das Versäubern der Werkstücke.

Schleifhilfe

Klopfen Sie durch ein Sperrholzbrettchen, das ca. 150 x 100 mm groß ist, in der Mitte zwei kleine Nägel hindurch, die auf der anderen Seite ca. 1 mm mit den Spitzen hervorstehen. Über die Nagelköpfe leimen Sie eine Leiste als Haltegriff auf das Brett, fertig ist die Schleifhilfe. Die Nagelspitzen halten das zu schleifende Holz fest, so daß Ihre Fingernägel unversehrt bleiben.

Schleifhölzer

Bekleben Sie Leistenreste in der Breite Ihrer Wahl beidseitig mit doppelseitigem Klebeband und befestigen Sie darauf das Schleifpapier. Ebenso können Sie mit Rundhölzern verfahren. Mit solchen Holzstücken lassen sich auch schwer zugängliche Stellen schleifen.

Beizen

Zum Beizen verwende ich Wachsbeizen auf Wasserbasis mit grauem Farbton. Der Vorteil von Beizen besteht darin, daß sie die Oberflächenstruktur des Holzes durchscheinen lassen. Wenngleich es möglich ist, die Beize mit dem Pinsel aufzutragen, ist es weitaus einfacher, die Teile ganz in die Flüssigkeit einzutauchen. Nach 2 bis 3 Minuten müssen sie dann mit einer Küchenrolle abgetupft werden.

Will man besondere Effekte erreichen, wie z. B. stark verwitterte Stellen an einem Gartenzaun, so trägt man nach dem ersten Trocknen mit dem Pinsel ganz gezielt die Beize ein zweites Mal auf.

Bemalen

Wenn Brunnenbecken und Steine aus Styropor zur Krippe passen sollen, müssen sie bemalt werden. Dies geschieht am besten mit einer Dispersionsfarbe, die schnell trocknet und fast in jedem Haushalt zu finden ist. Mischen Sie in kleinen Gläsern zwei abgestufte Grautöne aus Weiß und Schwarz an.

Mit der dunklen Farbe malen Sie zuerst die Fugen des Brunnenbeckens aus. Der hellere Farbton bedeckt die Oberfläche der Steine.

Ein sehr dekorativer Effekt entsteht, wenn Sie einen dritten dunklen Grauton mit einem Stück Schaumstoff auftupfen. Auf die gleiche Art werden auch Steine oder Felsen bemalt.

Gefällt Ihnen der erste Versuch nicht, so übermalen Sie ihn einfach und versuchen es noch einmal.

Nützliche Tips

Vorbereiten

Bereiten Sie immer mehr Teile vor als Sie am Ende brauchen. Geht einmal etwas daneben, so haben Sie gleich Reserveteile zur Hand. Vielleicht können Sie die Stücke ein anderes Mal verwenden oder jemandem schenken.

Verleimen

Tragen Sie nie mehr Leim auf als unbedingt notwendig. Wird es doch einmal zuviel und drückt die Klebemasse seitlich heraus, lassen Sie die Perlen erst trocknen und entfernen sie dann mit einem Messer. Wird der Leim verwischt, so nimmt das Holz an diesen Stellen keine Beize an.

Nägel

Die kleinsten Nägel bekommt man in Modellbaugeschäften. Fragen Sie nach Gleisbaunägeln für Modelleisenbahnen.

Draht

Kleiderbügel, wie sie von Sofortreinigungen benützt werden, sowie Blumenbindedraht lassen sich immer gut gebrauchen. Sollte der Draht lackiert sein, ziehen Sie ihn durch ein Schleifpapier.

Massivholzleisten

Bei den Holzleisten sollten Sie darauf achten, daß die Jahresringe sehr eng beieinander liegen. Bei gekauften schmalen Leisten ist das fast immer der Fall. Baut man sehr kleine Gegenstände aus Holz (z.B. eine Axt), so verwendet man besser Laubbaumhölzer wie Linde, Ahorn, Birke, Buche oder Obstbaumhölzer. Diese Hölzer besitzen eine sehr feine Struktur und brechen auch bei kleinen Detailarbeiten nicht so leicht aus. In vielen Möbelschreinereien bekommt man solche kleinen Reste umsonst.
Schmale Leisten bohren Sie am besten immer vor, sonst springen sie beim Nageln.

Moos

Flache, große Moosplatten lassen sich sehr gut mit einem langen scharfen Messer von Baumstümpfen abnehmen.

Winkelmesser

Müssen Sie einen Winkel aus dem Plan auf Ihr Werkstück übertragen und haben keine Schmiege, so falten Sie ein DIN A4-Blatt so, daß es mit der Zeichnung übereinstimmt. Legen Sie es dann auf Ihr Werkstück und zeichnen den Winkel an.

Fenster

Gesprungene Glasfenster an der Krippe oder Scheune sind ganz einfach herzustellen. Nehmen Sie dazu sehr dünnes Glas wie Objektträger, die für Mikroskope Verwendung finden. Überziehen Sie es beidseitig mit durchsichtiger Klebefolie (Buchfolie) und schlagen leicht mit einem kleinen Hammer darauf. Die Scherben halten auf diese Weise fest in der Folie.

Messingrohre

Jeder gute Modellbauladen führt Messingrohre in unterschiedlichen Durchmessern. Sie lassen sich gut biegen, wenn sie mit Quarzsand (Vogelsand) gefüllt und auf beiden Seiten fest verschlossen werden.

Minibretter

Um Bretter wie vom Sägewerk zu erhalten, also mit einer Rindenkante, müssen Sie die Äste der Länge nach sägen. Dies geschieht gewöhnlich mit der Feinsäge. Nageln Sie dafür den Ast – mit dünnen Nägeln oder Tapezierstiften – genau durch die Mitte auf ein Brett und sägen Sie jeweils einmal links, einmal rechts, ein Brettchen ab. Zum Schluß bleibt das Mittelbrett stehen, aus dem die Nägel wieder entfernt werden. Solche Bretter können Sie für viele der beschriebenen Modelle einsetzen.

Kleine Holzgriffe

Für kleine Griffe, wie z.B. an Werkzeugen üblich, lassen sich gut dünne Äste von Sträuchern verwenden. Durch die vorhandene Markröhre im Holz können Sie sie genau in der Mitte bohren.

Am Holzplatz

Ein Holzplatz im Freien mit ordentlich gestapelten Holzscheiten, einem Hackstock, schön geschnürten Reisigbündeln und einer Feuerstelle verleiht Ihrer Krippe einen rustikalen Charme.

Die Krippenausstattung, die auf den nächsten Seiten beschrieben wird, ist in einzelne Szenen unterteilt, wobei Wert darauf gelegt wurde, daß die einzelnen Gegenstände auf ähnliche Weise zu bauen sind.
Jede dieser Gruppen läßt sich natürlich individuell gestalten, damit sie sich in Ihre eigene Weihnachtskrippe harmonisch einfügt. Ebenso ist es möglich, nur eine Szene als Einzelobjekt zu gestalten und sie das ganze Jahr aufzustellen, wie z.B. die Scheunenecke mit den Werkzeugen oder der Brunnen mit fließendem Wasser.
Wenn Sie Lust dazu haben, können Sie mit Ihren Kindern oder Enkeln schon im Sommer an den Brücken, Zäunen oder Reisigbündeln basteln. Entdecken Sie beim Wandern oder im Urlaub einen brauchbaren Ast, eine schöne Wurzel oder Steine, nehmen Sie diese mit nach Hause. Meine Krippenbäume habe ich beispielsweise in Schweden und Südfrankreich gefunden; in jedem steckt ein Stück Erinnerung.
Jetzt will ich Sie aber nicht länger aufhalten und wünsche Ihnen viel Freude beim Basteln.

Holzstoß

Für den großen Holzstoß markieren Sie zunächst auf dem Grundbrett den Platz für die Stützpfosten und nageln diese dann fest. Die vorbereiteten, ca. 85 mm langen Äste schichten Sie dazwischen. Ein Leim dient der Fixierung. Sobald er trocken ist, spannt man einen Bindedraht von Pfosten zu Pfosten.
Beim kleinen Holzstoß handelt es sich um die gleiche Bauweise, nur daß Sie kleine Scheite von ca. 27 mm Länge verwenden. Von den gespaltenen Holzscheiten sollten Sie sich einen kleinen Vorrat anlegen, da zum Hackstock und Sägebock ebenfalls welche dazugelegt werden müssen.

Reisigbündel

Herabgefallene dünne Äste von Birken eignen sich am besten für Miniatur-Reisigbündel. Sammeln Sie etwas mehr, da sie auch für den Reisigbesen gebraucht werden. Mit Bindfaden oder Draht wird das Reisig geschnürt und danach in gleicher Länge abgeschnitten.
Für den Besen schnüren Sie weniger Reisig zusammen, schneiden es ungleich lang ab und stekken den angespitzten Stil mit einem Tropfen Leim in das Reisig.

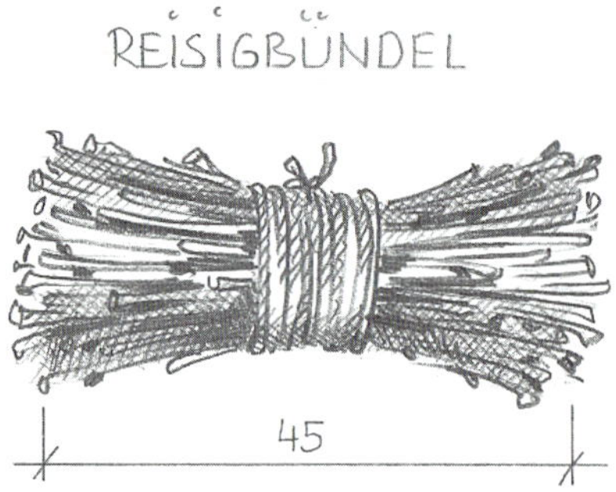

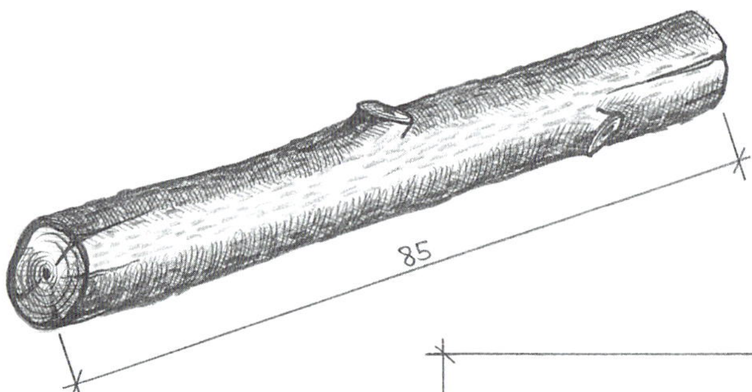

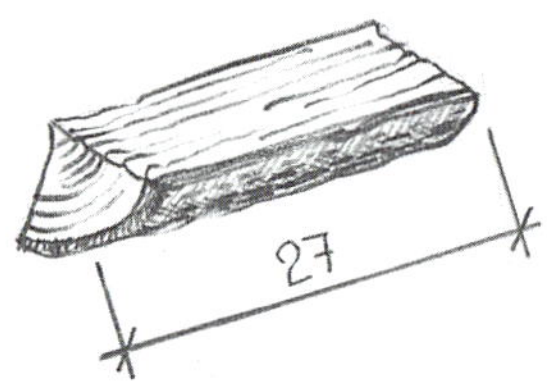

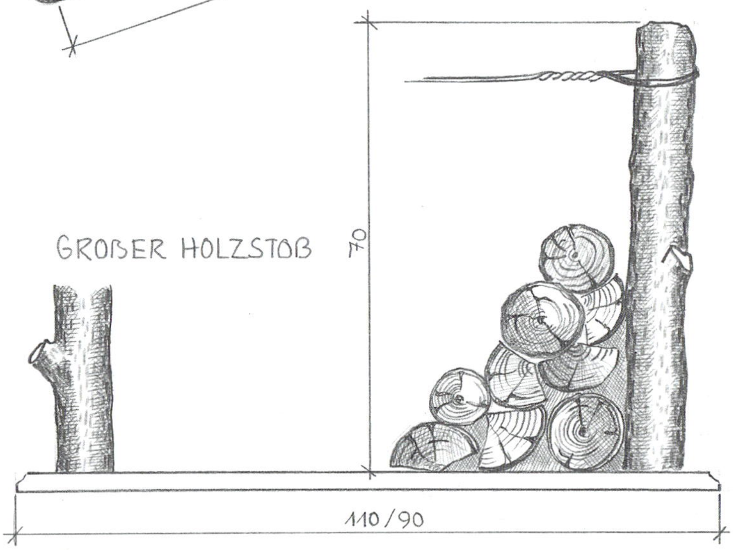

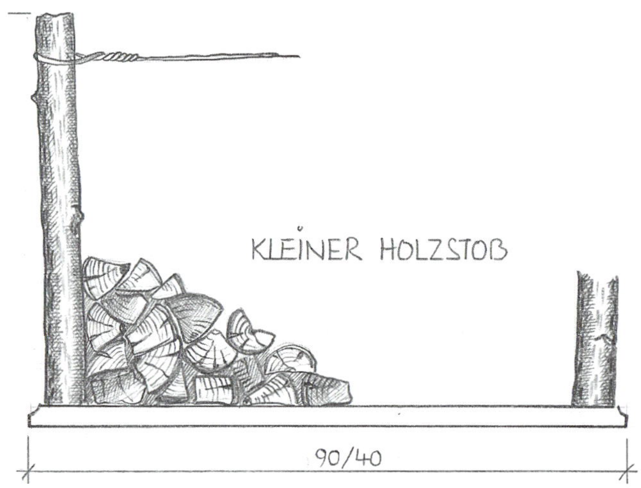

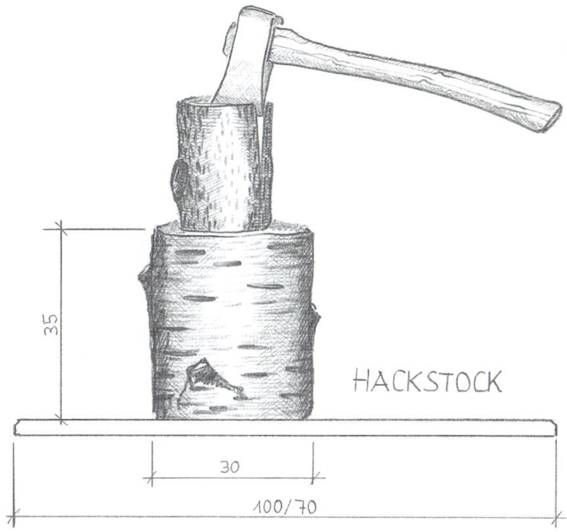

Oben: Schnell und leicht herzustellen: Reisigbesen und Reisigbündel.

Mitte: Ein zur Hälfte gespaltener Holzklotz läßt die Szene echt aussehen.

Hackstock

Wie auf der Zeichnung zu ersehen ist, wird ein ca. 30 mm starkes Aststück auf ein Grundbrett geleimt. Ein heller Birkenast wirkt dafür übrigens sehr dekorativ. Um den Hackstock herum werden Scheite kreuz und quer verteilt.

Sägebock

Die vorbereiteten Teile einschließlich mittlerer Balken werden entsprechend der Zeichnung gebohrt. Danach werden die Seitenteile auf das Rundholz gesteckt und die Querhölzer aufgeleimt. Ist der Leim getrocknet, spreizt man den Bock und bringt eine Schnur an. Zuletzt schnitzen Sie noch die Kanten nach.

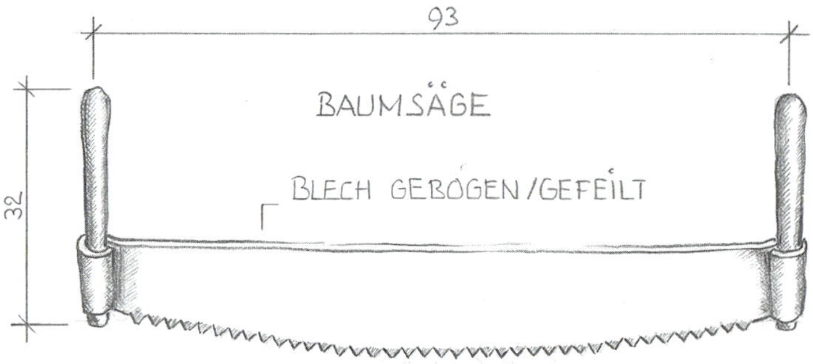

Säge

Die Baumsäge fertigen Sie aus einem Stück Blech und zwei Rundhölzern. Schneiden Sie das Blech in Form einer Säge zu, mit einem geraden Überstand an beiden Seiten. Daraufhin bringen Sie mit einer Schlüsselfeile die Sägezähne an der gerundeten Seite an. Jetzt können die überstehenden Enden mit einer Zange eingerollt und die Handgriffe eingepaßt werden.
Die gespannte Bogensäge macht weniger Arbeit. Dafür eignen sich sehr gut alte Sägeblätter. Ein dünner Ast, möglichst frisches Holz, wird entrindet und an den Seiten ca. 10 mm eingesägt. Ist das Sägeblatt auf die richtige Länge geschnitten, bohrt man an beiden Enden ein 1 mm großes Loch, steckt einen Nagel hindurch und spannt es in den Ast.

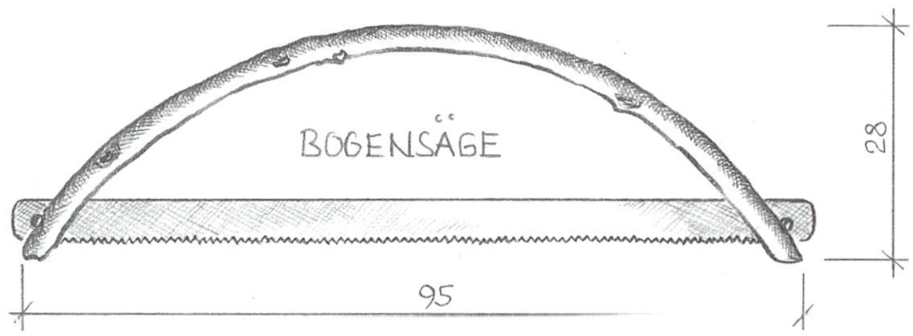

Man könnte glauben, hier hat eben noch jemand gearbeitet.

Axt

Die Form des Stils läßt sich aus der Zeichnung gut ersehen. Der Axtkopf kann aus Holz oder Blech gefertigt werden, wobei die hölzerne Ausführung, die einer echten Axt eher gleicht, leichter herzustellen ist. Bohren Sie das Loch für den Stil, bevor Sie die Axt zuschnitzen. Der Holzplatz sieht dekorativer aus, wenn Sie einen Holzklotz zur Hälfte spalten und die Axt in den Spalt setzen.

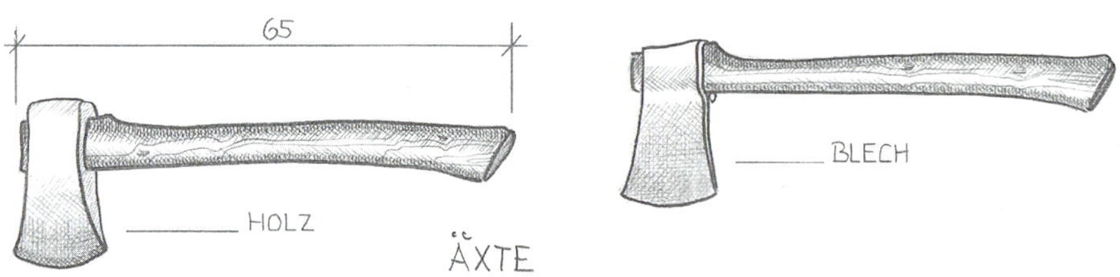

Feuerholz

Für den Holzplatz haben Sie schon einige Holzscheite bereitgelegt, die Sie nun auch als Feuerholz verwenden können. Damit es so authentisch wie möglich aussieht, lassen Sie die Scheite über einer Kerze leicht anbrennen. Bemalt man die Scheite noch mit roter Farbe, so glaubt man beinahe, daß das Feuer wirklich brennt.

Elektrische Beleuchtung

Wer das Feuer elektrisch beleuchtet haben möchte, muß für das rote Glühbirnchen vor dem Aufbau ein 10 mm großes Loch in das Grundbrett bohren.

Feuerstellen

Eine Feuerstelle besteht meistens aus drei gekreuzten Ästen. Nageln Sie die Äste zuerst auf das Brett, damit sie sich leichter mit einem Draht (oder Bindfaden) zusammenbinden lassen. Nun legt man die Steine kreisförmig aus und schichtet das angebrannte Holz an.

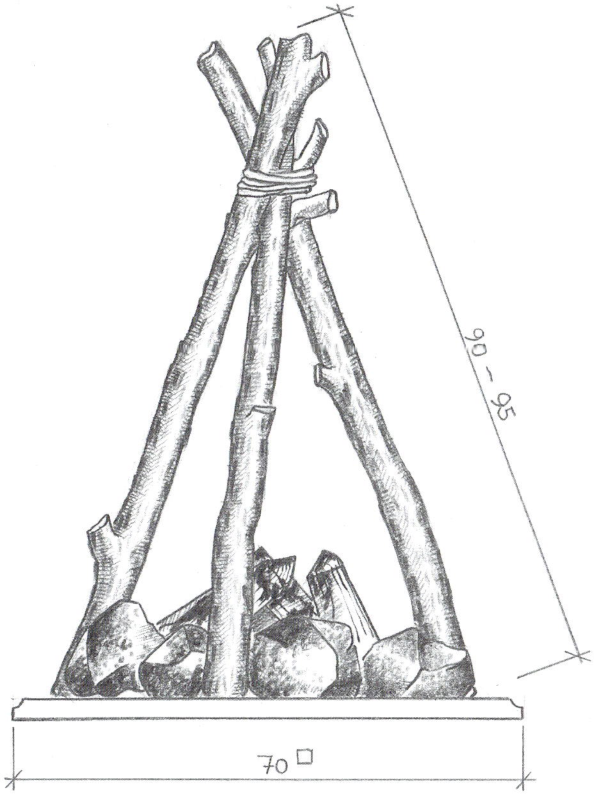

DREIBEINIGE FEUERSTELLE

Diese Abbildung zeigt eine weitere Alternative. Dafür verwenden Sie zwei Astgabeln, über die Sie einen weiteren Ast senkrecht legen. Auch hier werden die Äste zuvor angenagelt. Legen Sie die Holzscheite darunter. Auf Steine können Sie verzichten.

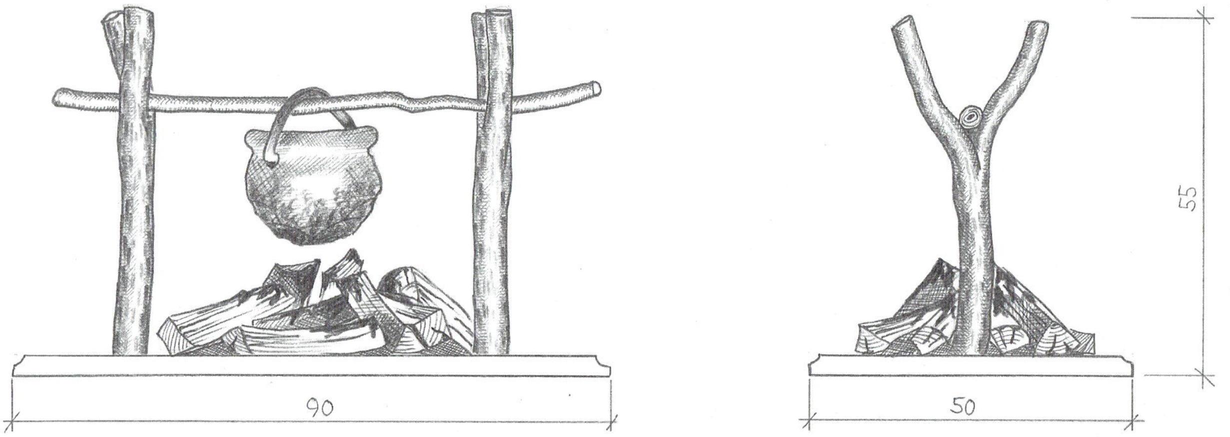

Für die dritte Variante ist ein gegabelter Ast ausreichend. Kleben Sie zwei längliche Steine mit etwas Abstand auf das Grundbrett und schichten Sie dazwischen die Holzscheite. Legen Sie die Astgabel und dann den Kessel darauf.

FEUERSTELLE AUS STEINEN

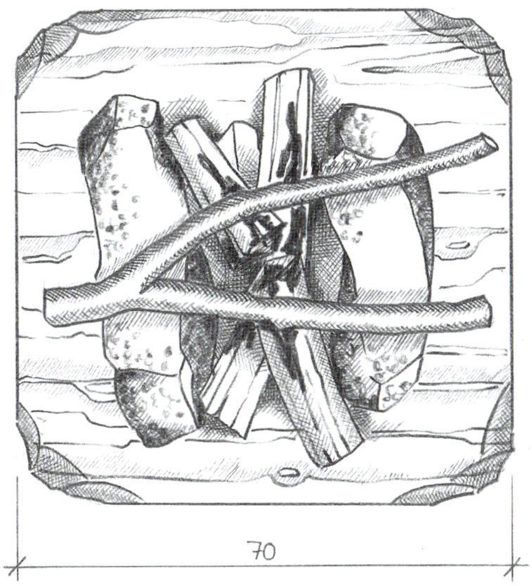

Feuerkessel

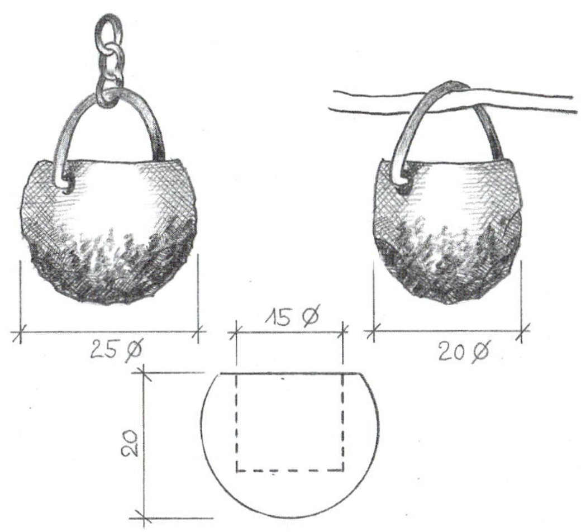

Der Kessel auf dem Feuer darf nicht fehlen. Von einem Rundholz Ihrer Wahl schneiden Sie ein 20 mm langes Stück ab und bohren ein 15 mm großes Loch hinein. Um das sehr kurze Holzstück zum Schnitzen und Rundfeilen besser greifen zu können, stecken Sie ein 15 mm Rundholz in das Loch. Nach dem Runden des Bodens werden zwei Löcher in den Kessel gebohrt, die den Griff aus gebogenem Draht aufnehmen. Jetzt wird der Feuerkessel noch über einer Kerze eingerußt.

Flußlandschaft

Für ein besonders stimmungsvolles Bild sorgt eine Landschaft, die von einem Wildbach durchzogen ist. Um diese ländliche Umgebung anzudeuten, reicht schon eine einfache Holzbrücke aus. Ein Schild mit der Aufschrift »Bethlehem« weist den Weg zur Krippe.

Wildbach

Für die Ausführung brauchen Sie einen Bogen blaues Tonpapier, Cellophanfolie, Moos und Steine. Legen Sie das zurechtgeschnittene Tonpapier auf Ihrem Krippentisch so aus, wie Sie sich den Bachlauf vorstellen. Die Cellophanfolie knüllen Sie einmal fest zusammen, streifen sie so gut als möglich wieder glatt und legen sie über das Tonpapier. Mit dem Moos, das Sie am Uferbereich gleichmäßig verteilen, markieren Sie den Weg des Baches. Locker am Ufer und im Bach plazierte Steine runden das Bild ab. Sie werden überrascht sein, wie natürlich die Flußlandschaft wirkt.

Brücken

Die einfachste Brücke besteht aus eng zusammengelegten Steinen oder aus zwei Brettern, die über den Bach gelegt werden. Ähnlich einfach ist ein Steg ohne Geländer zu bauen. Hierzu benötigen Sie zwei Äste von ca. 180 mm Länge und etwa 10 Bretter in der Größe 60 x 12 x 3 mm. Flachen Sie die Äste auf der Oberseite etwas ab und legen Sie sie im Abstand von 25 mm nebeneinander. Danach leimen Sie die Bretter längs auf die Äste. Mit dem Schnitzmesser lassen sich nachträglich noch künstliche Risse und Sprünge im Holz

Bethlehem

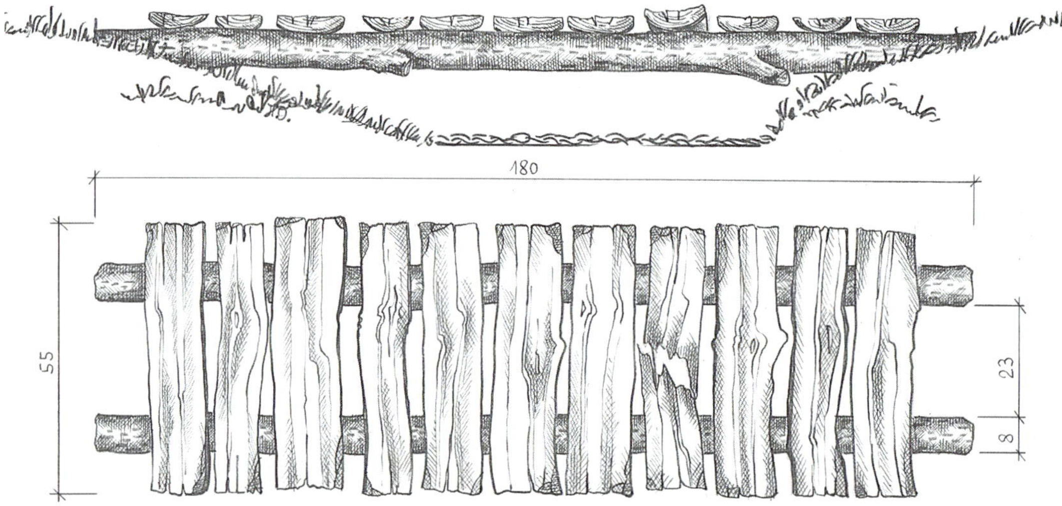

STEG OHNE GELÄNDER

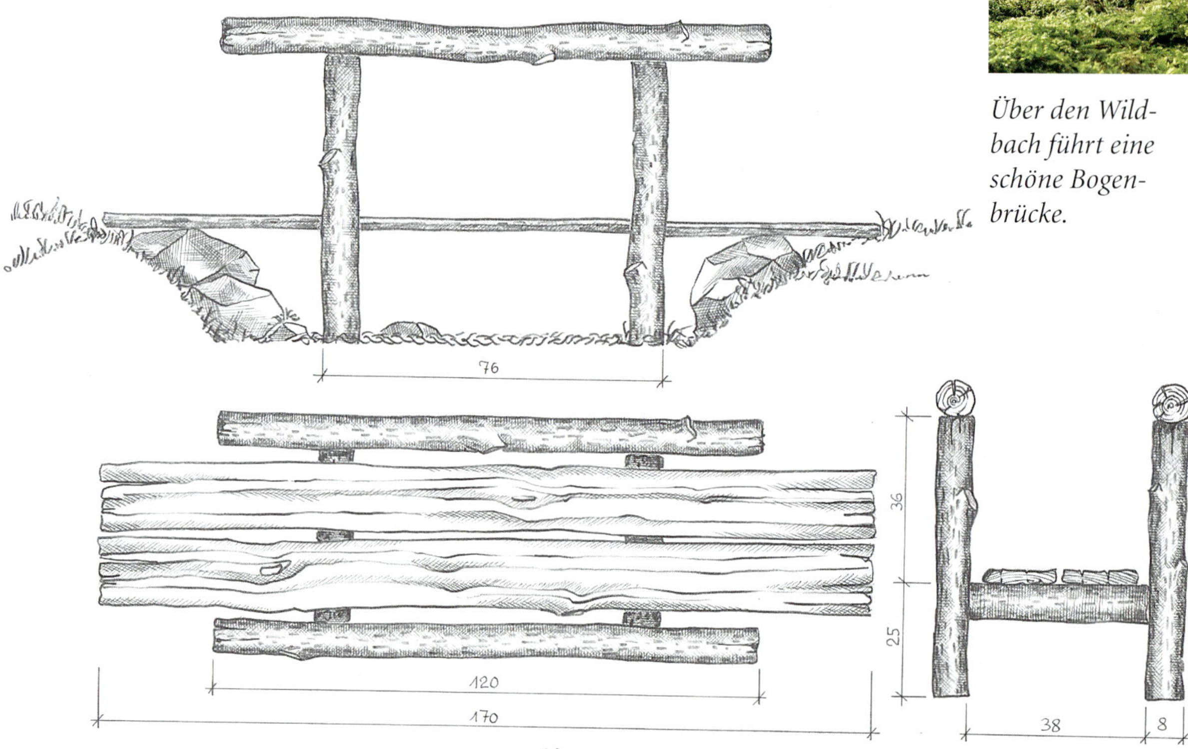

STEG MIT GELÄNDER

Über den Wildbach führt eine schöne Bogenbrücke.

andeuten. Auch ein gebrochenes Brett kann dazwischen liegen.

Soll der Steg ein Geländer haben, beachten Sie die nebenstehende Anleitung. Die Brückenpfosten und die Querhölzer werden als erstes verbunden. Anschließend wird das Geländer aufgenagelt und dann die Laufbretter angeleimt. Je nachdem, wie hoch Ihre Uferböschung ist, müssen Sie die Brükkenpfosten länger oder kürzer sägen.

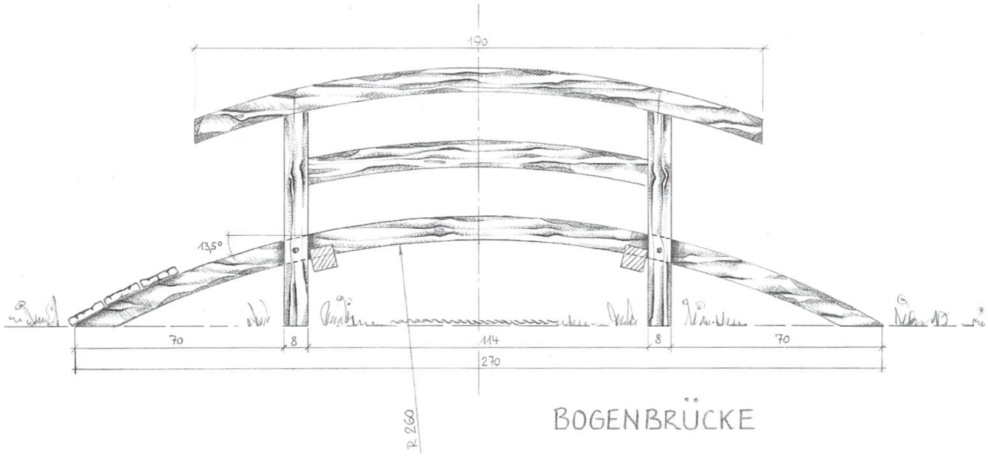

Bogenbrücke

Eine reizvolle Bogenbrücke wertet jede Krippenlandschaft auf. Beginnen Sie mit dem Zuschnitt der Rundbögen aus 8 mm starkem Sperrholz. Sägen Sie dazu sechs gleiche Bögen der größten Spannweite zu. Wenn Sie keinen großen Zirkel zur Hand haben, läßt sich der Halbkreis auch mit einer Holzleiste anzeichnen: Auf der einen Seite wird ein Nagel beweglich fixiert, auf der anderen Seite ein Loch gebohrt, in das ein Bleistift gesteckt wird, mit dessen Hilfe man nun entsprechend dem gewählten Radius die Kreislinie ziehen kann.

Nach dem Vorbereiten der Brückenbögen und der übrigen Teile nageln Sie zuerst die Tragepfeiler auf die unteren Bögen. Die eingesägten und ausgestemmten Querbalken verbinden beide Brückenteile miteinander. Jetzt können die Geländer genau angepaßt und aufgeleimt werden. Zuletzt befestigt man die Bretter aus gespaltetem Holz.

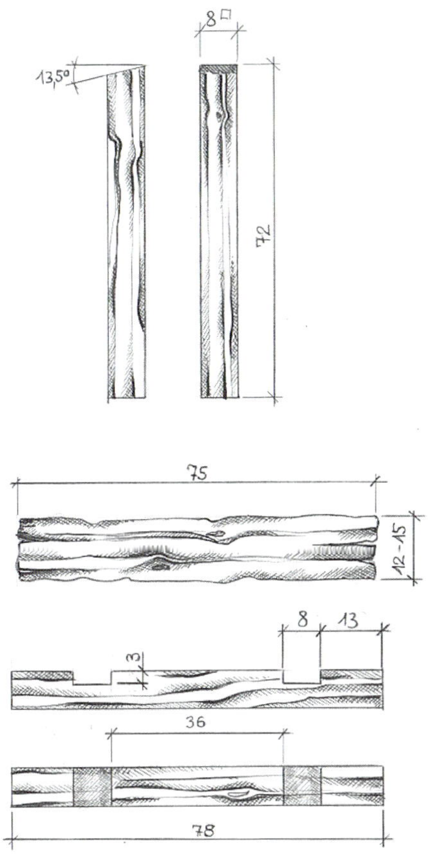

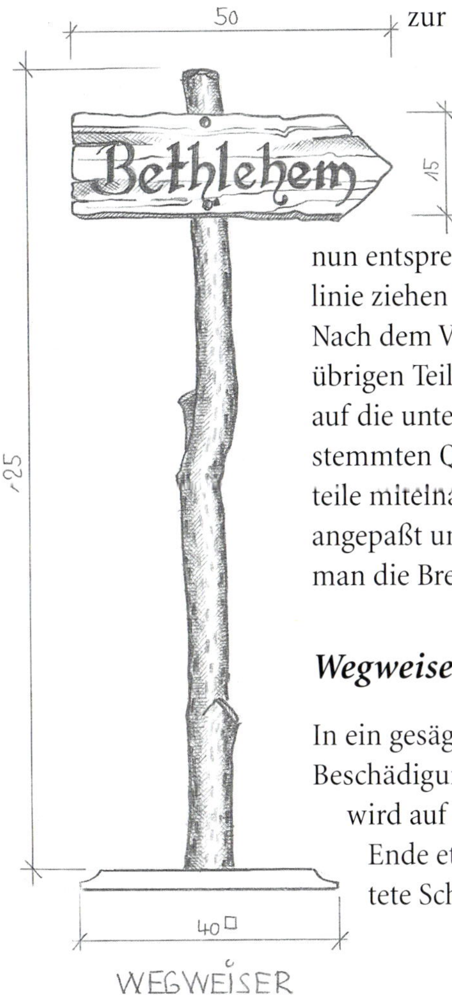

Wegweiser

In ein gesägtes Brettchen schnitzt man Risse und Beschädigungen. Ein als Pfosten geeigneter Ast wird auf das Standbrett genagelt, am oberen Ende etwas abgeflacht und dort das beschriftete Schild »Bethlehem« aufgeleimt.

Links: Ein fast sicherer Steg über den Bach, wenn da nicht das durchbrochene Brett wäre.

Im Hühnerstall

Freilaufende Hühner im Gehege passen sehr gut in unsere heimatlichen Krippen. Sie erhalten dadurch einen bäuerlichen Charakter. Vor allem Kinder haben ihre Freude daran.

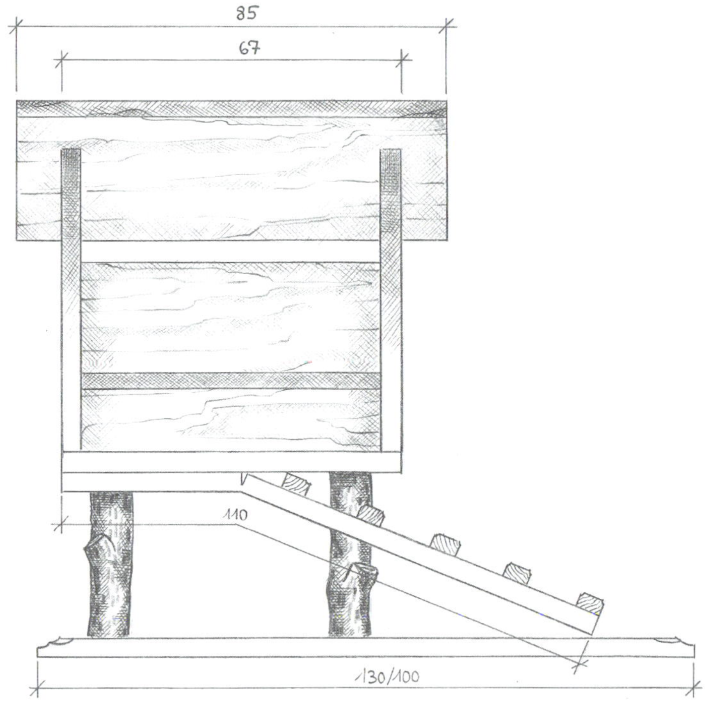

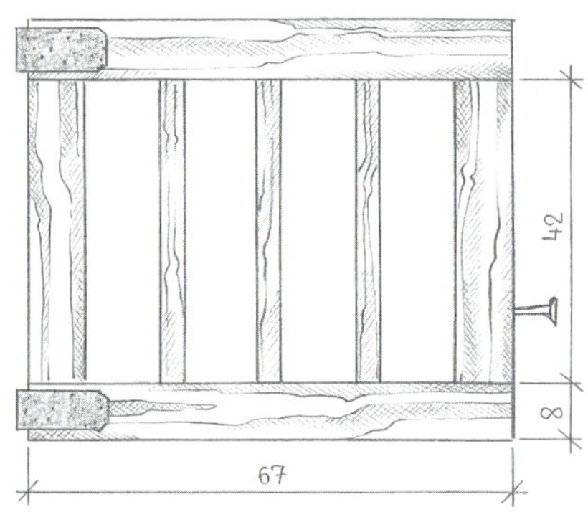

HÜHNERSTALL

Hühnerstall

Nachdem Sie die Einzelteile für den Hühnerstall gemäß der Zeichnung zugeschnitten haben, befestigen Sie die Rückwand sowie`die Seitenwände auf dem Bodenbrett. Nach einer kurzen Trockenzeit setzen Sie das Dach auf. Während der Leim austrocknet, können Sie den Türrahmen vorbereiten und nach Plan verleimen.
Die Hühnerleiter wird als ganzes Teil gesägt, an der Knickstelle bis zur Hälfte der Materialstärke eingeschnitten und dann vorsichtig geknickt.
Für den Zusammenbau des Hühnerstalls werden zunächst die vier Pfosten auf das Grundbrett genagelt, danach das Haus aufgeleimt, und zum Schluß die Treppe befestigt. Bevor Sie weiterarbeiten, sollte der Leim gut angezogen und alle Teile fest miteinander verbunden sein.
Ein Lederband, das als Scharnier dient, wird auf der linken Türseite angebracht. Auf der rechten Seite schlägt man einen Nagel ein, der als Schließriegel fungiert. Zum Einhängen der Türe muß an der Außenseite noch ein eingekerbtes Hölzchen angebracht werden.

Mit einer Wäscheklammer sichert man die Leimstelle so lange, bis sie getrocknet ist.

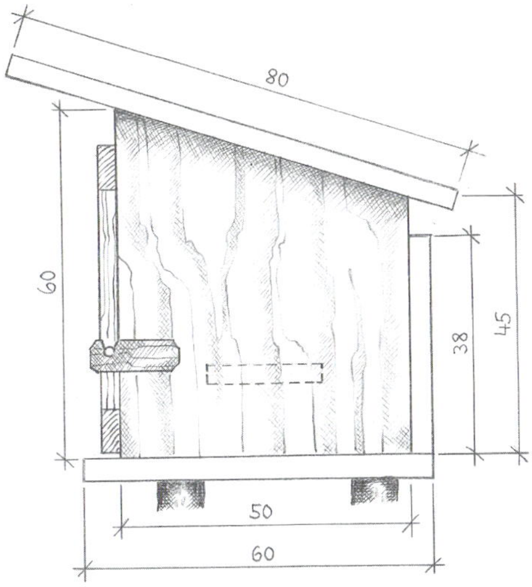

Wenn die Treppenstufen aufgeleimt sind, kann gebeizt werden. Zuletzt wird das Dach mit Leim bestrichen und in eine Schale mit Vogelsand gedrückt. Alternativ dazu kann auch graues Schleifpapier als Dachpappe aufgeleimt werden. Der Stall ist fertig.

Im Garten

Eine bäuerliche Bank mit Tisch, daneben eine Kraxe, lädt zur Rast ein. Vielleicht kamen dort einst auch die Hirten auf ihrem Weg nach Bethlehem vorbei.

Gartenbank

Für sie stehen zwei unterschiedliche Modelle zur Auswahl. Das erste Modell wird aus gekauften Leisten gebaut und ist mit wenigen Handgriffen schnell fertiggestellt. Die zweite Ausführung macht sicher etwas mehr Mühe, die sich aber ganz gewiß lohnt, da man durch die Auswahl der Äste die Gartenbank individuell gestalten kann. Das gilt selbstverständlich auch für den Gartentisch. Zum Verarbeiten sollten Sie ausschließlich gut ausgetrocknete Äste verwenden, an denen die Rinde fest haftet. Wie Sie die Astbretter herstellen können, ist auf Seite 17 beschrieben.

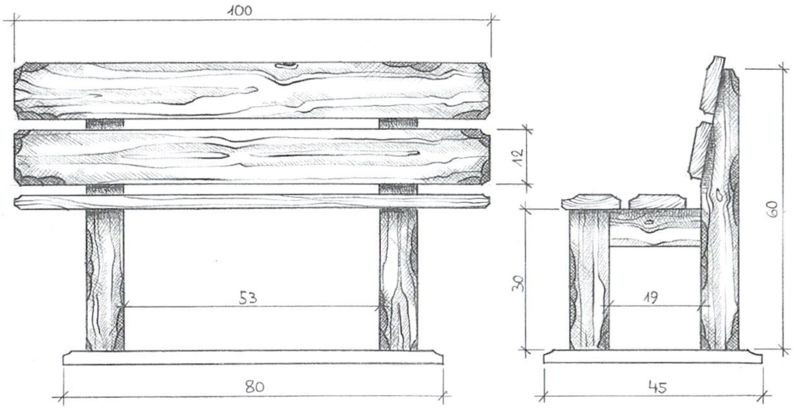

GARTENBANK AUS LEISTEN

Gartenbank aus Leisten

Verleimen Sie als erstes die Füße mit der Zarge (Mittelteil) und setzen Sie die fertigen Teile auf das Grundbrett. Ist der Leim festgetrocknet, können Sie die Sitz- und Rückenbretter befestigen.

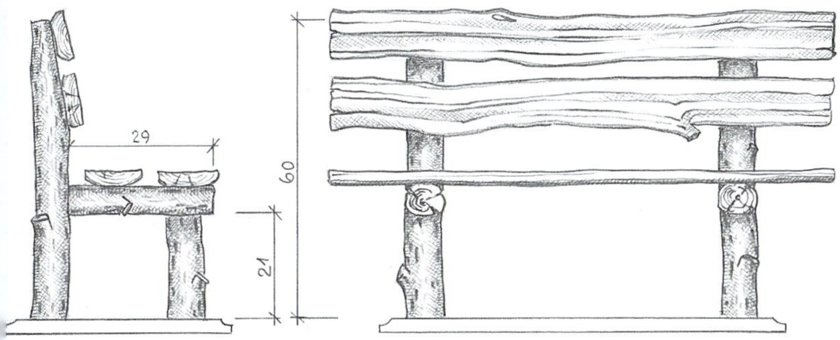

GARTENBANK AUS ASTHOLZ

Gartenbank aus Astholz

Konnte man bei der oben beschriebenen Holzbank auf das Grundbrett gut verzichten, ist es bei Bank und Tisch aus Astwerk unverzichtbar. Die Arbeitsschritte sind dieselben wie oben, wenngleich die Zarge hier auf den Vorderfuß genagelt werden kann, da die Nagelstelle nach dem Anbringen der Sitzbretter verdeckt ist.

Gartentisch aus Astholz

Für den Tisch sucht man sich zwei kleine Astgabeln, nagelt darauf die Querverbindung und leimt als letztes die Tischbretter auf.

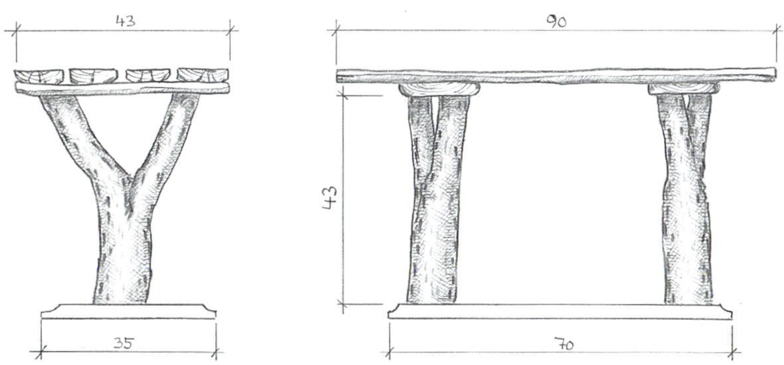

GARTENTISCH AUS ASTHOLZ

Hasenstall

Die Bauweise ist fast die gleiche wie beim Hühnerstall. Doch im Gegensatz zu diesem ist der Hasenstall von den Ausmaßen her kleiner und besitzt zwei Türen, die beide Fliegengitter aufweisen. Auch die Hühnerleiter fehlt.

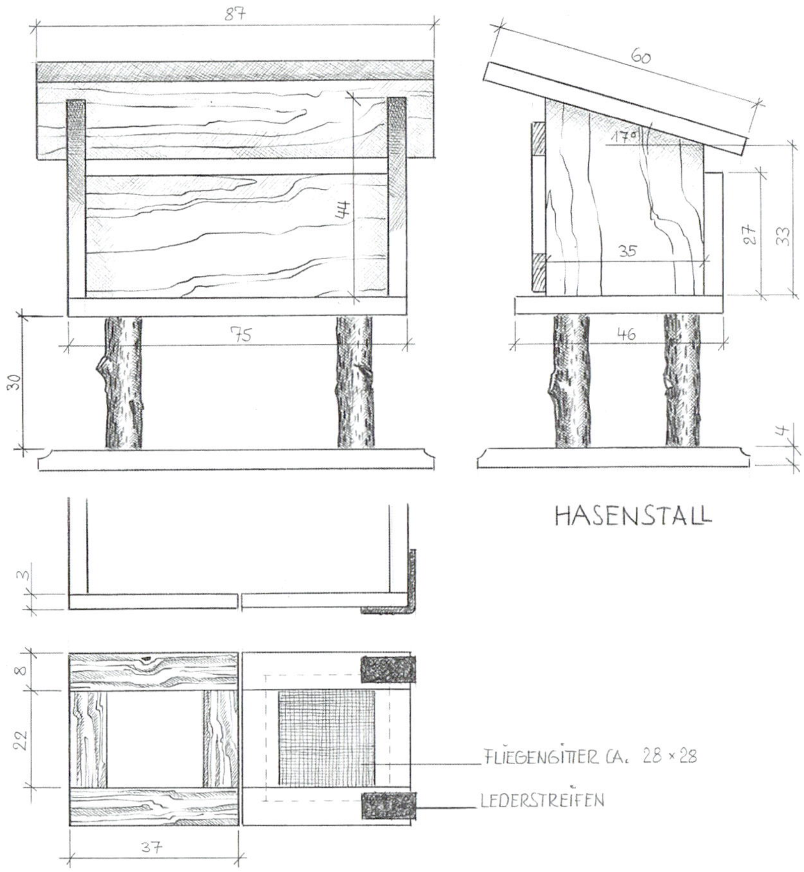

Gartenzaun

Für diesen Zaun sägen Sie Zaunpfosten, Querhölzer und Bodenbrett zu. Die Zaunpfosten schrägt man oben ab, sägt sie genau nach der Zeichnung zur Hälfte ein und stemmt sie aus. Achten Sie beim Einleimen der Querhölzer auf den angegebenen Abstand der Zaunpfosten, so bleibt auch bei aneinandergestellten Zäunen immer der gleiche Zwischenraum bestehen.
Die Zaunlatten werden gemäß den »Arbeitstechniken – Holz spalten« (Seite 12) hergestellt und nach Plan aufgeleimt. Es darf dabei auch einmal eine Zaunlatte fehlen oder angebrochen sein. Ist alles gut angetrocknet, wird der Zaun auf das geschnitzte Bodenbrett gesetzt. Zuletzt leimen Sie die Regenabdeckung auf die Pfosten.

Gartentor

Gehen Sie beim Gartentor nach dem gleichen Arbeitsablauf vor wie beim Zaun. Das Tor wird separat gefertigt. Für die Scharniere brauchen Sie zwei Nägel sowie ein Stückchen Blech (Dosenblech). Die beiden schmalen Blechstreifen rollt man mit einer Rundzange ein, bohrt mit einem 1 mm Bohrer die Löcher und nagelt sie auf die Balken des Tores. Die Türangel muß dabei überstehen. Aus den Nägeln biegen Sie die Haken und stecken sie in den Türpfosten. Der Riegel wird nach dem gleichen Muster gefertigt.

In einer ruhigen Ecke hinter dem Haus hat der Hasenstall seinen Platz.

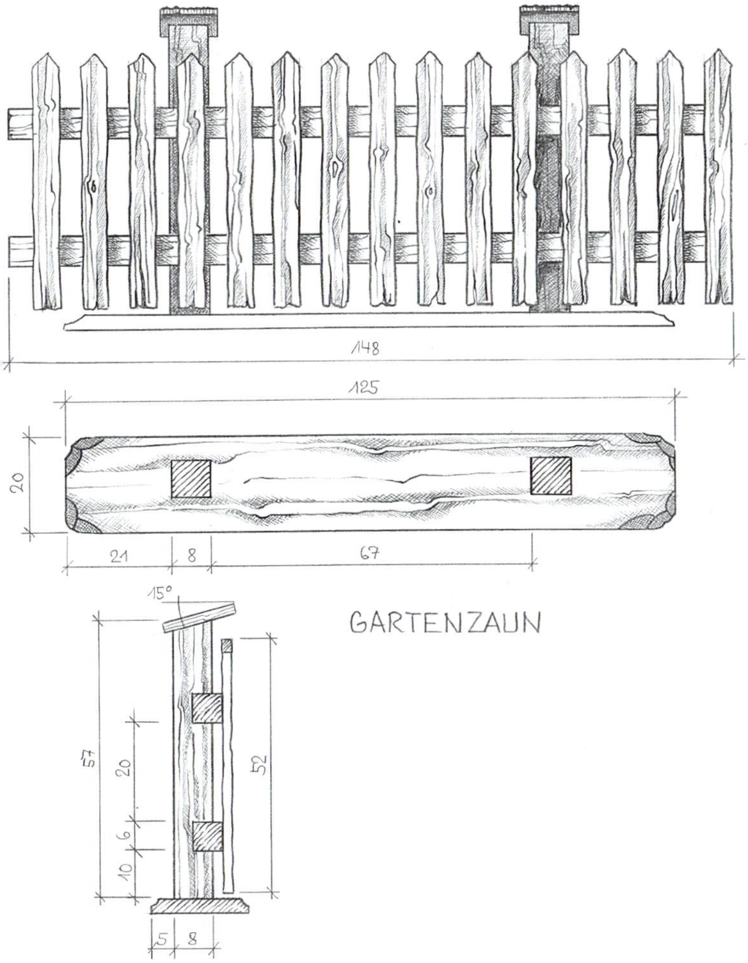

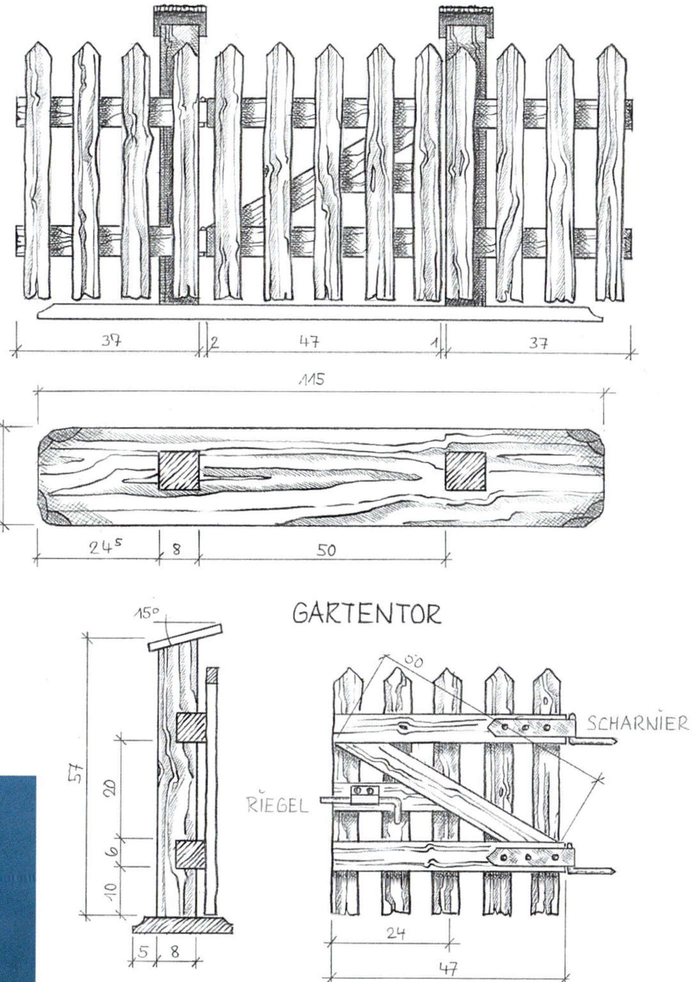

Ein Gartentor ist wichtig.
Wer steigt schon gern
über einen Zaun?

Kraxe

So manchem wird dieses Gerät unbekannt sein. Die Kraxe ist eine sogenannte Rückentrage – Vorläufer unseres Rucksacks – und war früher im gesamten Alpenraum verbreitet. Ein Transportmittel, das von Wanderhändlern ebenso benutzt wurde wie von Bauern. Es gab sie von einfachen Ausführungen bis zu wunderschön geschnitzten. Auf der Zeichnung sehen Sie ein sehr einfaches Modell sowie im Anschluß drei Gestaltungsalternativen für das Rückenteil, die Sie dazu inspirieren sollen, Ihre individuelle Kraxe zu bauen.

Wenn Sie die einzelnen Teile vorbereitet haben, können Sie mit dem Zusammenbau beginnen. Zur Aufnahme der Trageleiste muß man in die Tragebalken eine Nut sägen. Ist die Leiste eingepaßt, legt man beide Tragebalken nebeneinander und verleimt Sie mit den Rückwandbrettern und dem Auflagebrett. Eine Stützleiste, unten oder oben angebracht, unterstreicht die volkstümliche Wirkung.

Als Tragegurte verwendet man Lederstreifen. Dafür bohrt man zwei Löcher in das obere Rückenbrett, zieht die Lederstreifen hindurch und verknotet sie. In das andere Ende der Streifen schneiden Sie Schlitze und hängen diese am Tragebalken ein.

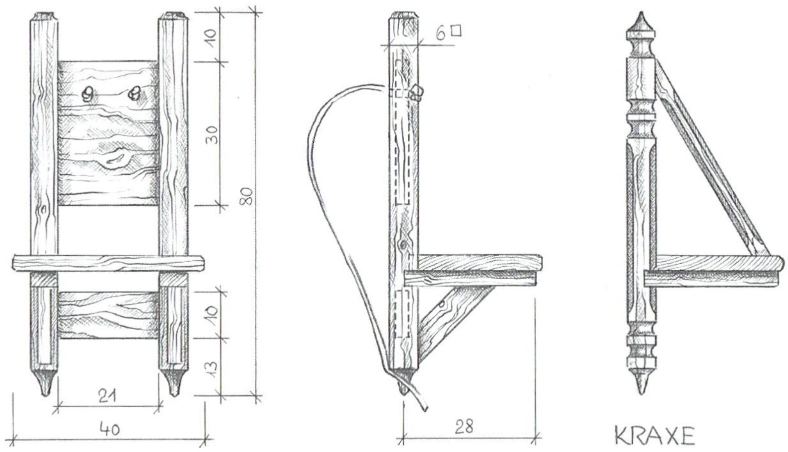

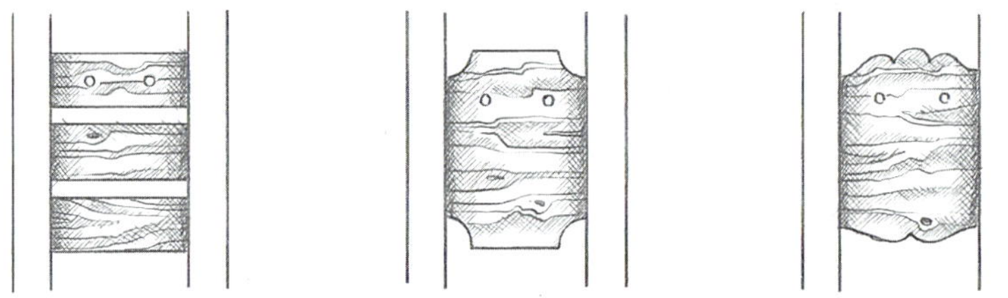

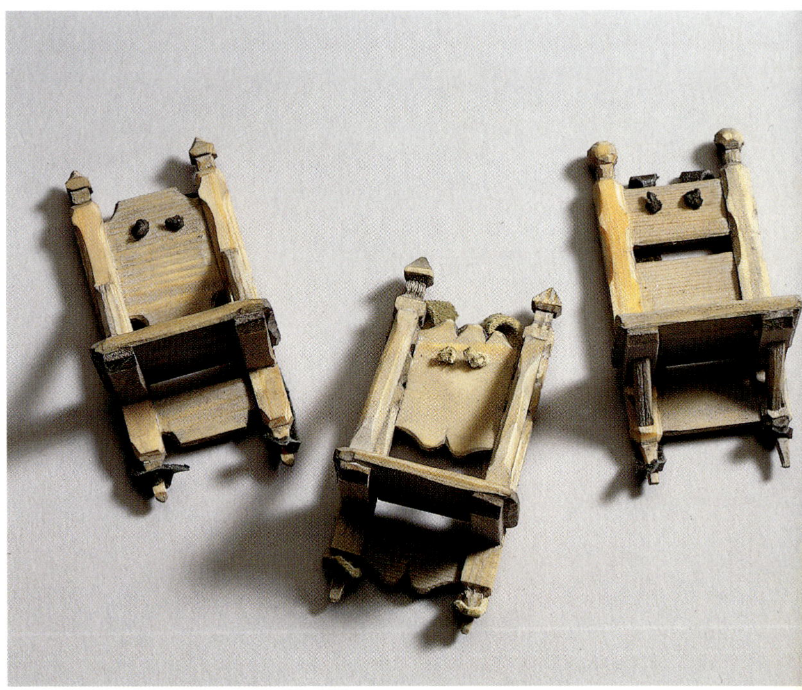

Der Phantasie sind bei der Gestaltung der Kraxe keine Grenzen gesetzt.

Am Brunnen

Brunnen sind Orte der Kommunikation. Man holte dort nicht nur Wasser, sondern erzählte sich auch Geschichten, vielleicht auch jene von der wundersamen Geburt Christi.

An der Futterraufe

Die Geburt Christi fand der Überlieferung nach in einem Stall nahe einer Futterraufe statt. Mit den Hirten kamen nicht nur die Schafe zur Krippe, sondern in ihrem Gefolge auch die Tiere des Waldes.

Futterraufe

Bei diesem Modell besteht das Grundgestell aus einer ganzen Überplattung, siehe »Arbeitstechniken – Holzverbindungen« (Seite 12). Beginnen Sie mit dem Aufleimen der Sprossen auf die Leisten und warten Sie, bis sie getrocknet sind. Daraufhin werden die Dachbalken entsprechend der Zeichnung gesägt und die Aussparungen ausgestemmt. Leimen Sie anschließend die Dachträger auf die Seitenteile. Die Gehrungsschnitte an der Dachspitze lassen sich mit einem Kreppband fixieren.
Während der Trockenzeit können die Dachlatten und die Schindeln vorbereitet werden. Das Gitter wird dann zwischen die Seitenteile geleimt und mit Wäscheklammern gesichert. Zum Schluß können die Dachlatten aufgeleimt werden und nach kurzer Trockenzeit auch die Dachschindeln.
Gleich, ob Sie Ihre Futterraufe mit oder ohne Dach gebaut haben, es fehlt nur noch ein Ballen Heu, den Sie hineinlegen.

Linke Seite, oben: Werden die Seitenteile kürzer gesägt, nämlich nur bis zum Ende des Gitters, erhält man eine Futterraufe ohne Dach.

Oben: Die Konstruktion dieser überdachten Futterraufe ist relativ einfach.

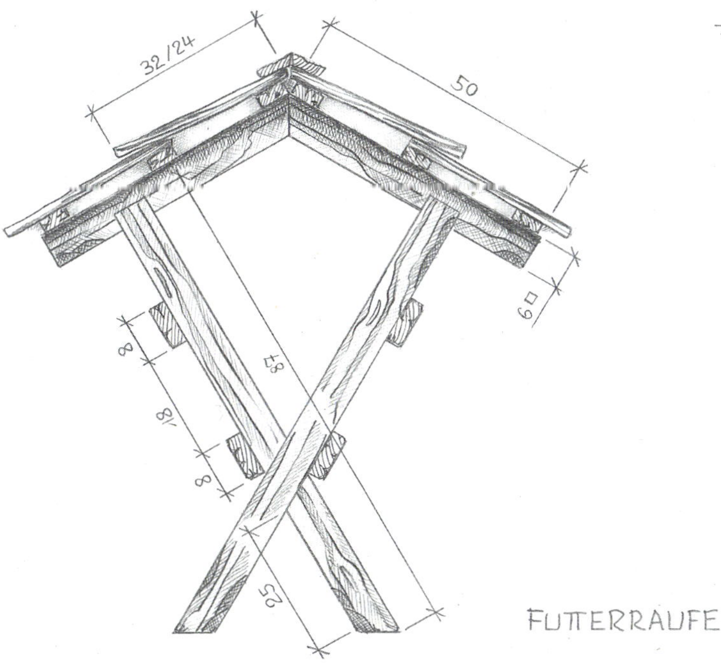

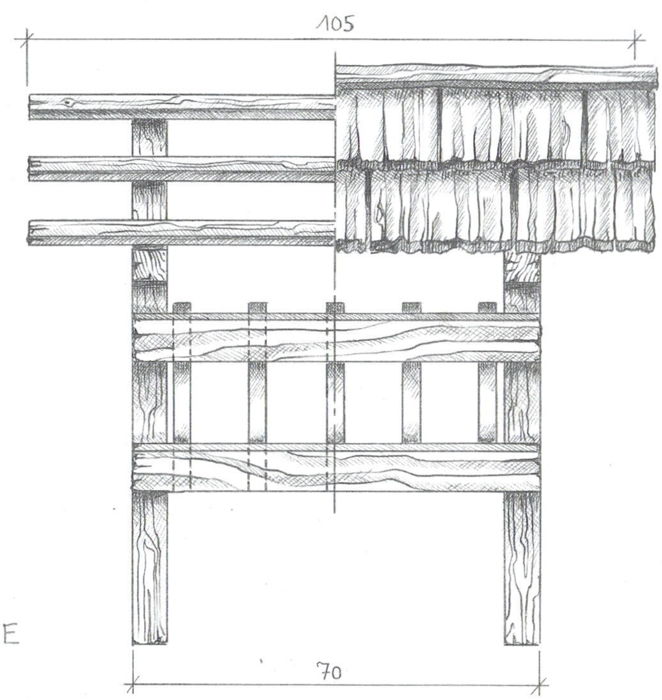

Rechte Seite, oben:
Ob mit Holz, Heu oder Reisig beladen, der Graskarren ist immer ein dekoratives Zubehör.

Krippenwiege

Die einfache Futterkrippe ohne Dach können Sie auch als Krippenwiege für das Christkind verwenden; anstatt der Sprossen setzen Sie zwei Bretter ein. Zunächst beginnen Sie mit dem Zuschnitt der Hölzer. Die Füße werden oben und unten in einem 45° Winkel zugesägt und mit einer ganzen Überplattung über Kreuz zusammengeleimt. Mit dem Geißfuß schnitzen Sie daraufhin die Seitenbretter in Längsrichtung des Holzes. Nachdem Sie sie geleimt haben, setzen Sie sie in das Fußkreuz ein. Sobald die Begrenzungsbretter angebracht sind, ist die Krippenwiege fertig.
Die niedere Krippenwiege ohne Füsse ist besonders geeignet, wenn das Christkind – der besseren Sicht wegen – tief gelegt werden muß. Nach dem Zusägen der Einzelteile leimen Sie die Seiten-, Rück- und Hinterteile in einem Arbeitsgang auf dem Boden zusammen.

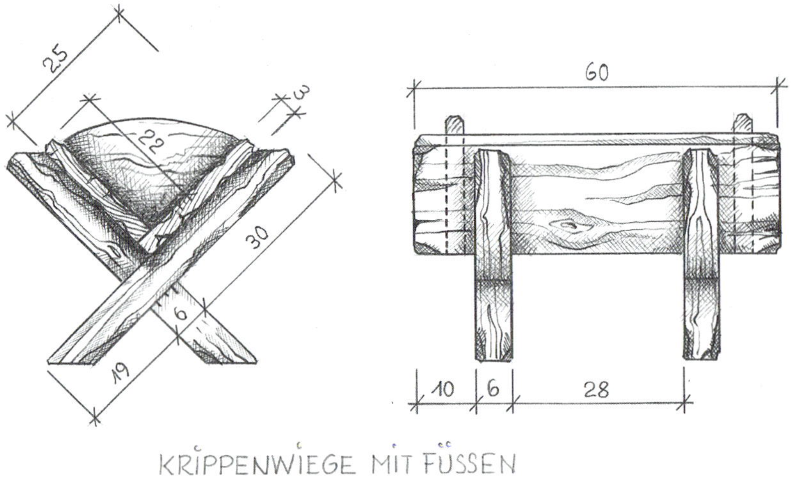

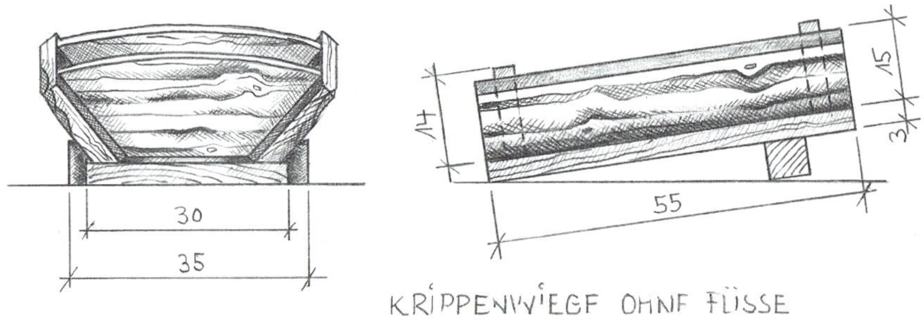

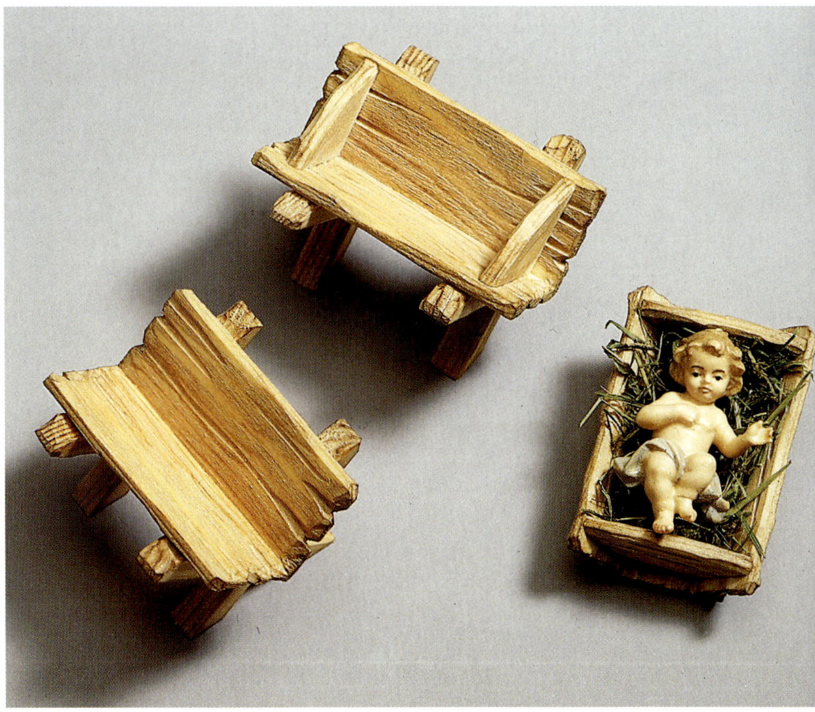

Als Liegestatt für das Jesuskind sind alle drei Futterkrippen geeignet.

Graskarren

Zur Auswahl stehen eine einfache sowie eine schwierigere Variante. Gutes, feingemasertes Holz ist bei beiden Ausführungen wichtig, da die Seitenteile leicht brechen. Sie können aber auch Sperrholz dafür verwenden.
Übertragen Sie die Kontur der Seitenteile auf das Holz und sägen Sie diese mit einer Laubsäge aus. Wenn zwei Hölzer mit Kreppband verklebt aufeinandergelegt werden, spart man sich nicht nur einen Arbeitsgang, sondern kann davon ausgehen, daß beide Teile übereinstimmen! Bohren Sie daraufhin die Löcher für die Radachse. Diese Arbeitsschritte sind für beide Modelle identisch.

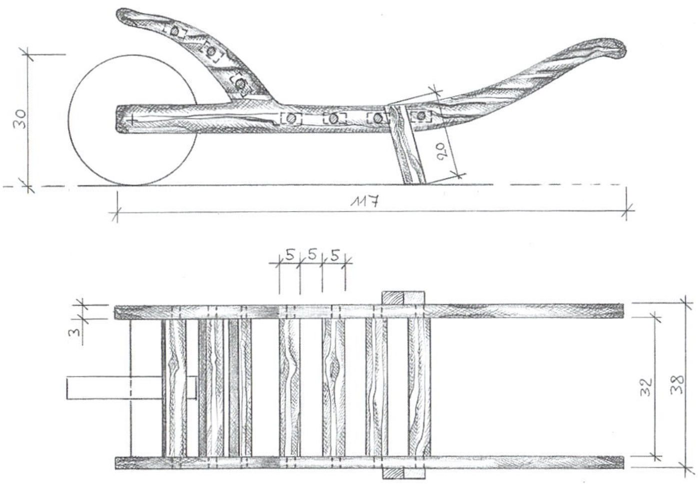

GRASKARREN MIT AUFGELEIMTEN STEGEN

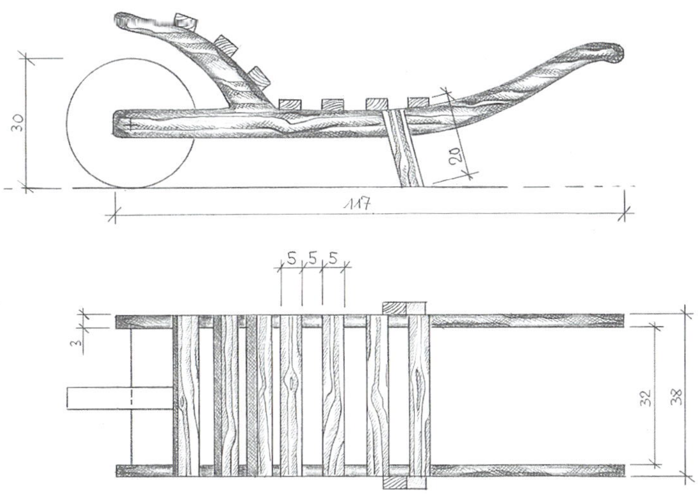

GRASKARREN MIT ZAPFENVERBINDUNG DER STEGE

Graskarren mit aufgeleimten Stegen

Bei der einfacheren Ausführung leimen Sie die vorgesägten Leisten direkt auf die Oberkante der Seitenteile, sägen danach von einem 30 mm-Rundholz eine Scheibe ab und bohren diese mittig. Daraufhin wird die Achse durchgesteckt. Mit zwei kurzen Nägeln, die zuletzt in die Achse geklopft werden, wird das Rad zwischen den Seitenteilen befestigt.

Graskarren mit Zapfenverbindung

Die andere Möglichkeit besteht darin, an das Ende der Querhölzer einen kleinen Zapfen zu sägen. In die Bohrlöcher der Seiten geklopft, ergibt sich eine echte Holzverbindung.
Die Standfüße des Graskarrens leimt man an den Seiten an und verbindet sie mit einem Holznagel. Das Speichenrad wird entsprechend der nachfolgenden Beschreibung gefertigt. Zur Dekoration können Sie den Karren mit Gras oder Holz beladen.

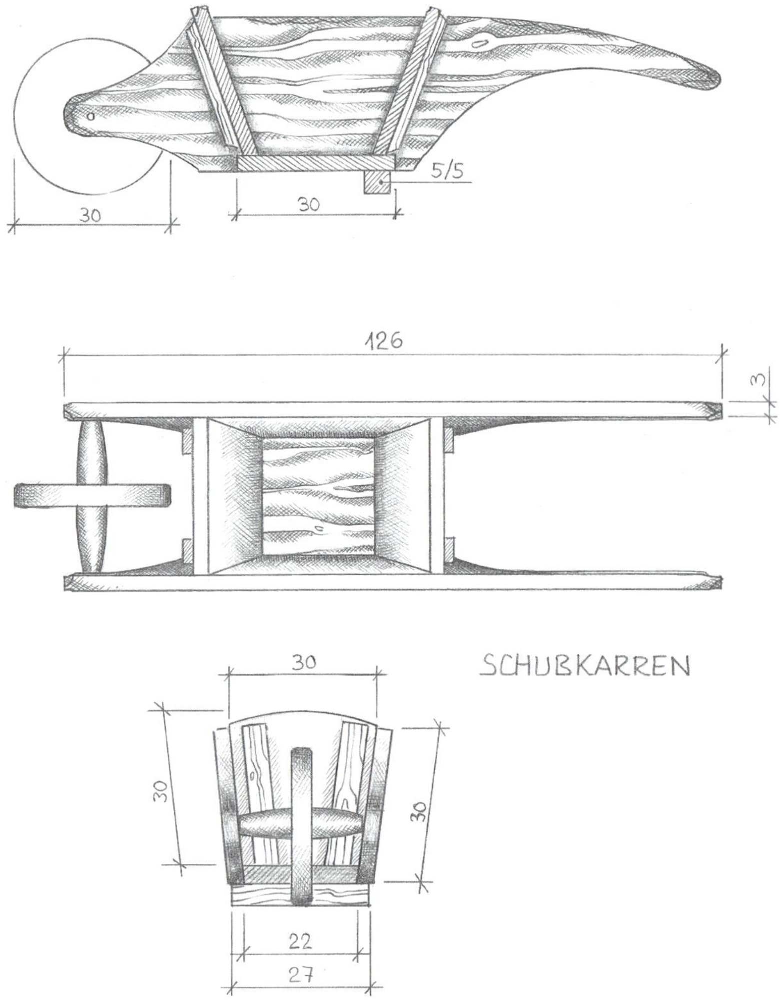

Schubkarren

Die Seitenteile fertigt man in derselben Weise an, wie beim Graskarren beschrieben. Nach dem Zusägen der übrigen Teile werden zuerst die Zwischenbretter mit den Seiten verleimt. Nach einer Trockenzeit passen Sie den Boden ein und leimen die übrigen Leisten auf. Welches Rad Sie verwenden wollen, liegt ganz bei Ihnen, aber vielleicht haben Sie ja schon eines in Reserve gebaut.

Speichenräder

Schubkarren, Graskarren sowie der im nächsten Kapitel beschriebene Schäferwagen sehen mit echten Speichenrädern sehr realistisch aus. Wer also eine möglichst authentische Darstellung erreichen möchte, kommt um diese Räder nicht herum. Am besten eignet sich hierfür Ahorn- oder Lindenholz.
Auf der Zeichnung sind drei verschiedene Größen dargestellt. Das kleine Wagenrad gehört zum Gras- und Schubkarren, das mittlere zum Schäferwagen und das große dient als Dekoration für Ihre Krippe. Für alle drei Varianten gilt folgende Bauanleitung:

Mit dem Zirkel zeichnet man zunächst den äußeren und inneren Radkranz sowie die Speichen auf das Holz. Daraufhin wird der Außenkreis gesägt und eventuelle Unebenheiten verschliffen.
Bevor der Innenkreis ausgesägt wird, bohrt man ca. 10 mm tiefe Löcher für die Speichen. Die Linien geben dabei die Richtung des Bohrers an.

Unten: Die Tiere warten schon auf frisches Futter vom Schubkarren.

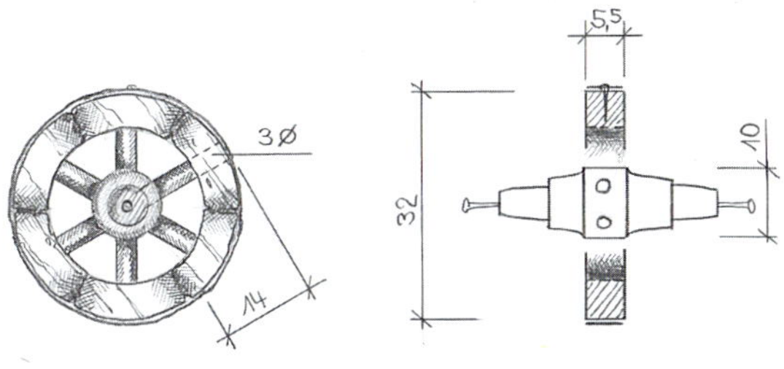

WAGENRAD GRAS- UND SCHUBKARREN

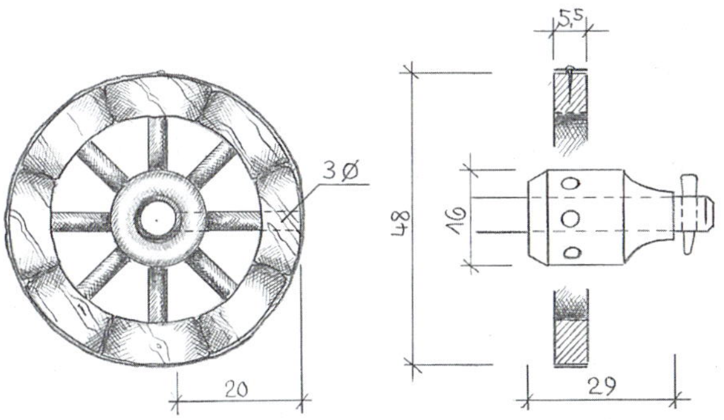

WAGENRAD SCHÄFERWAGEN

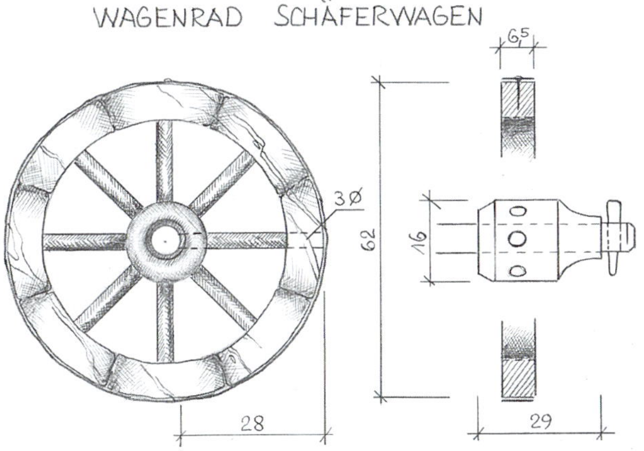

WAGENRAD ZUR DEKORATION

Danach kann der Innenkreis ausgesägt werden. Für die Radnabe bohren Sie zuerst die Speichenlöcher und dann das Loch für die Achse. Die halbrunde Auskehlung wird mit dem Schnitzmesser ausgeführt. Das Rundholz für die Speichen sollte leicht durch die Bohrungen am Radkranz zu führen sein und etwa 20 mm länger gesägt werden. Stecken Sie im Anschluß daran die Speichen von außen durch den Radkranz in die Nabe. Geleimt wird nur an der Nabe. Wenn Sie exakt gearbeitet haben, sitzt die Nabe präzise in der Mitte des Rades. Jetzt können Sie die Überstände der Speichen absägen.
Originalräder werden immer aus mehreren Teilen zusammengesetzt, deshalb wird die Nahtstelle mit dem Schnitzmesser imitiert. Zu guter Letzt bringt man noch den Eisenbeschlag auf dem Radkranz an. Dieser schmale Blechstreifen kann entweder mit äußerster Vorsicht aufgenagelt oder mit Zweikomponentenkleber aufgeleimt werden.

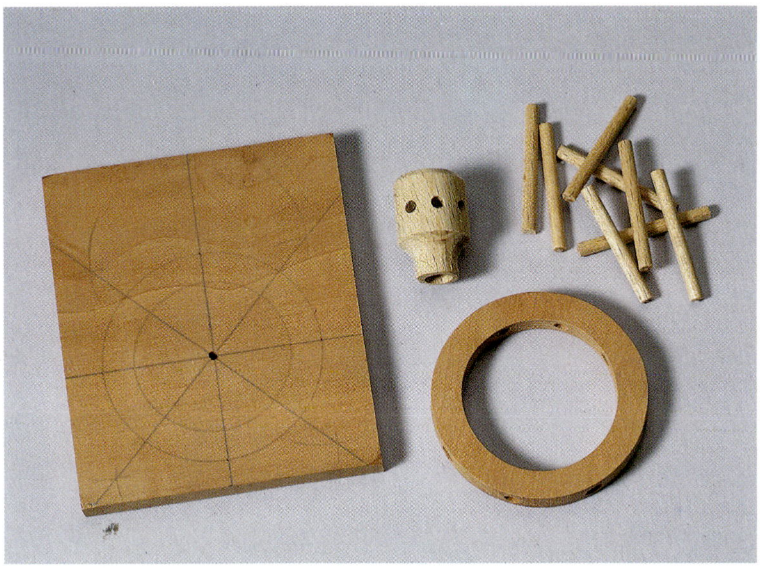

Unten links: Bevor man zu sägen beginnt, wird das Rad auf das Brett gezeichnet.

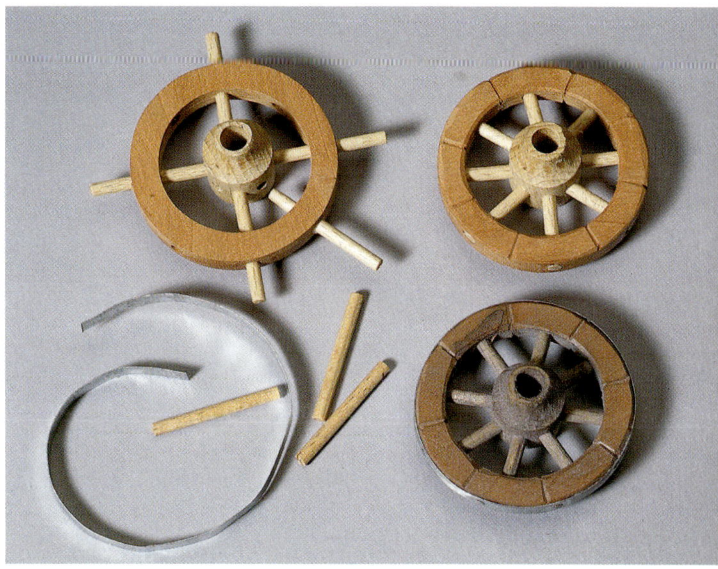

Unten rechts: Die vorbereiteten Speichen werden kreuzweise durch den Radkranz in die Nabe gesteckt. Zuletzt wird der Blechstreifen aufgebracht.

Rund um den Schäferwagen

Besonders romantisch wirkt ein Schäferwagen auf der Weide, der mit einem Bollerofen, einer gemütlichen Sitzgelegenheit, einem Vogelkäfig oder einem Starenkobel ausgestattet sein kann.

Schäferwagen

Bevor die Teile exakt zugesägt werden, nagelt man jeweils die Seitenwände sowie die Vorder- und Rückwand zusammen. Die Dachrundung und die Fensterausschnitte der Seitenteile kann man auf diese Weise besser in die gewünschte Form sägen. Mit der Laubsäge werden die großen Teile ausgesägt, mit Feile und Schleifpapier die Unebenheiten nachgearbeitet.
Für die Feinarbeit nehmen Sie die Teile wieder auseinander. Sägen Sie nun in die Vorderwand den Türausschnitt. Wenn die restlichen Korpusteile zugeschnitten sind, kann man mit dem Zusammenbau beginnen.
Nageln und leimen Sie dafür in nachstehender Reihenfolge Boden, Radkastenseiten, Überdekkung, Türwand, Rückwand und die Seitenteile zusammen. Daraufhin passen Sie die Rahmenhölzer der Fenster und Türe in die Ausschnitte ein und lassen dabei die Leisten nach außen überstehen. Das Fensterkreuz wird auf dieselbe Weise eingebaut.
Mit einer Feile gleichen Sie jetzt die Seitenteile der Dachrundung an. Um das Dach abnehmen zu können, werden zwei Dachträger gesägt, auf die das Dach später genagelt wird. Sperrholz bis 3 mm läßt sich ohne Probleme in diese schwache Rundung biegen. Den fertigen Rohbau verkleidet man mit gespalteten Brettern.
Der Anhängerbalken und die Achse, die Sie ebenfalls gemäß der Zeichnung anfertigen, werden am Boden aufgenagelt. Danach werden die Türteile gesägt, verleimt und auf die gleiche Weise mit Scharnieren befestigt, wie schon beim Gartentor auf Seite 36 beschrieben.
Wie man Speichenräder baut, wird im Kapitel »An der Futterraufe« auf Seite 50 erklärt. Zum Schluß leimen Sie die Dachpappe (aus grauem Schleifpapier) auf das Dach. Wenn Sie jetzt noch den Ofen dazu bauen, ist der Wagen bezugsfertig.

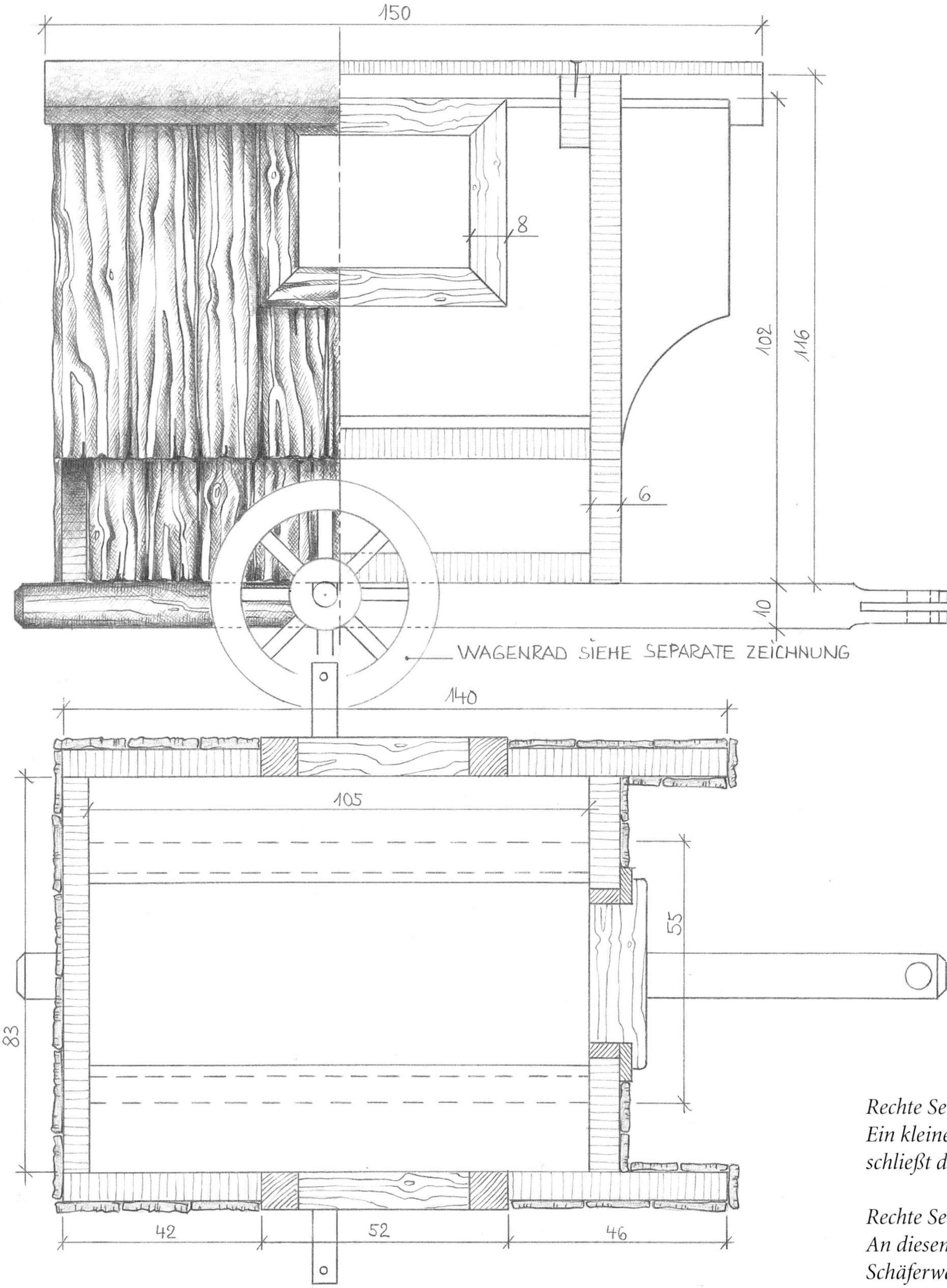

Rechte Seite, oben:
Ein kleiner Holzriegel schließt die Tür ab.

Rechte Seite, unten:
An diesem halbfertigen Schäferwagen lassen sich die Bauabschnitte gut erkennen.

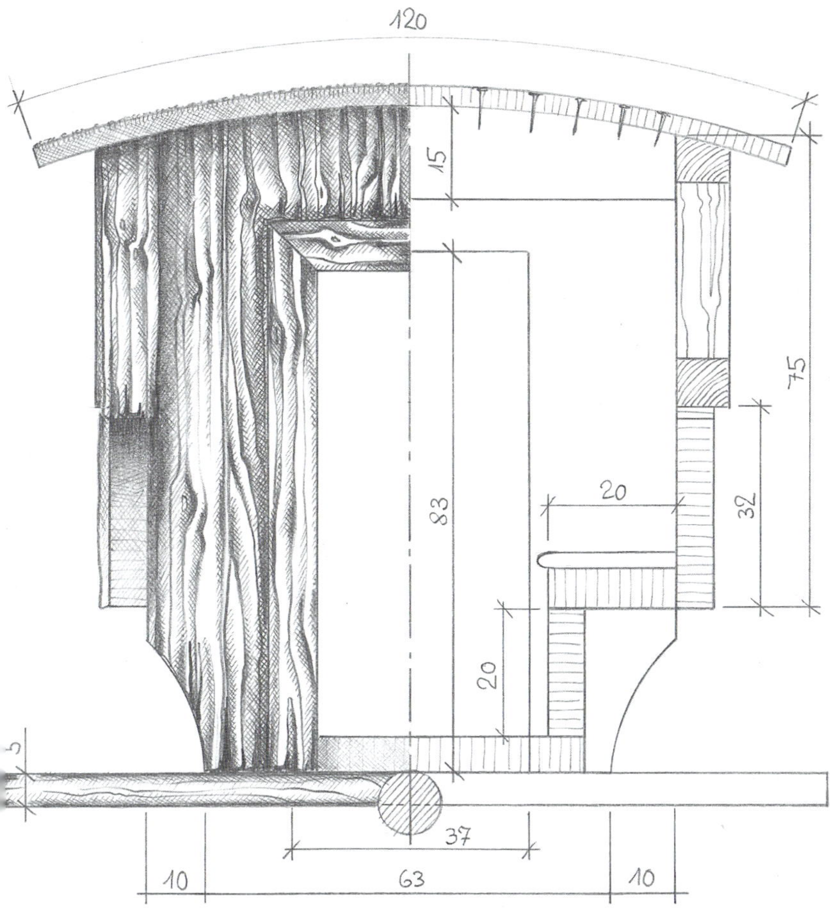
120
15
83
75
20
32
20
37
10
63
10

78
36
SCHÄFERWAGEN

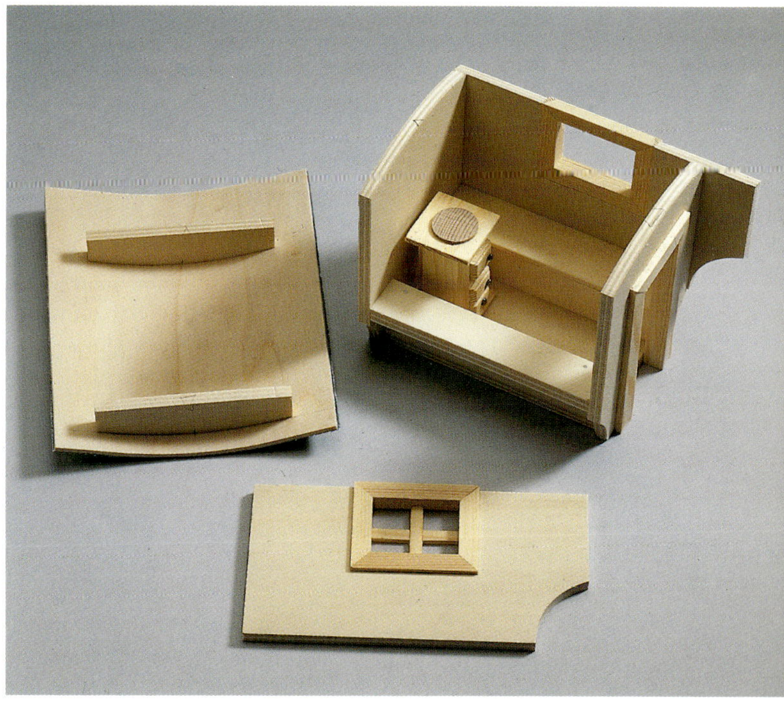

Bollerofen

Der Einfachheit halber wird der Ofen aus einem Vollholzstück gefertigt. An der Boden- und Deckelplatte werden die Kanten jeweils 45° abgeschrägt und mit dem Ofenkorpus verleimt. Als Ofenplatte leimen Sie eine dünne Rundholzscheibe auf. Die Türen formen Sie aus Holzabschnitten und leimen Sie an den Korpus. Als Griffe dienen gekürzte Nägel.

Das Ofenrohr sägt man aus einem 10 mm-Rundholz, das am Rauchabzug oben kreuzweise eingeschnitten und ausgeschnitzt wird. Das kleine Dach darauf soll den Regen abhalten.

Bemalen Sie den Ofen zuletzt mit schwarzer Farbe. Den Glanz von Gußeisenschwärze erreicht man durch Schuhcreme oder Bohnerwachs. Es empfiehlt sich auch, den Korpus mit einer Bürste leicht zu polieren.

Um schließlich das Ofenrohr bzw. den Kamin einsetzen zu können, wird ein 10 mm großes Loch sowohl in den Ofen als auch in den Schäferwagen gebohrt. Jetzt kann der Wagen sogar beheizt werden.

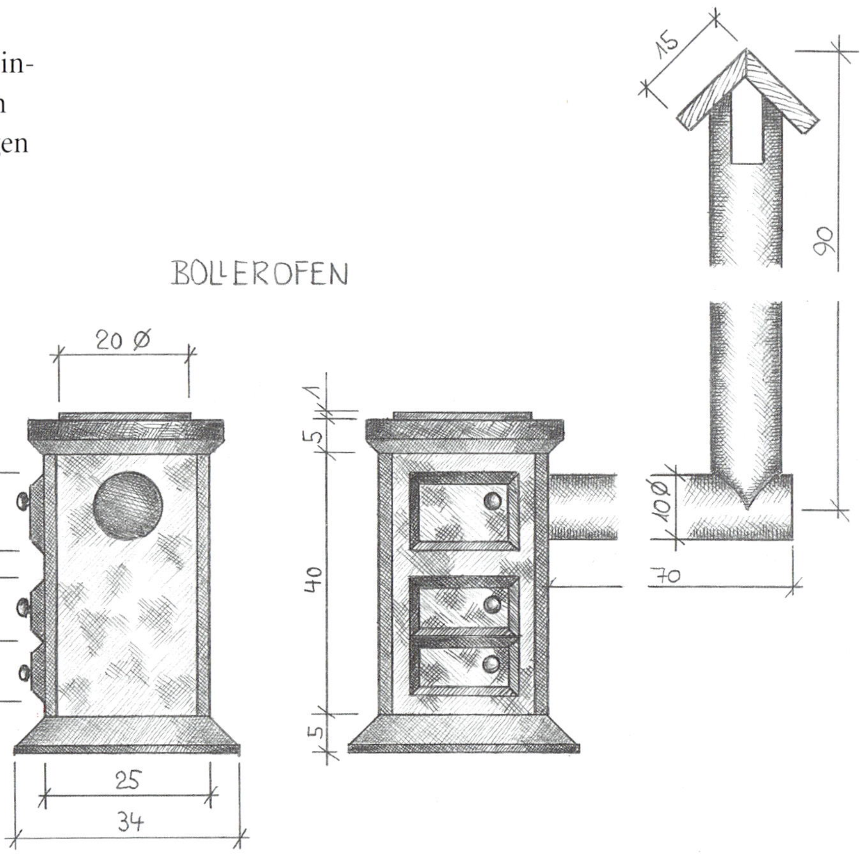

Oben rechts: Durch die offene Tür hindurch sieht man den Bollerofen an seinem Platz stehen.

Hocker und Tisch

Wie Sie aus der Zeichnung ersehen können, ist dafür keine besondere Bauanleitung notwendig. Am besten eignen sich dafür Äste, die Sie von Ihren Waldspaziergängen mitgebracht haben. Verwenden Sie jedoch nur trockene Äste, die Sie auf dem Waldboden gefunden haben. Sie brauchen sie nur noch auf die richtige Größe zuzusägen und die Sitzgelegenheit ist fast fertig. Als Sitzfläche oder Tischplatte leimen Sie eine Astscheibe auf.

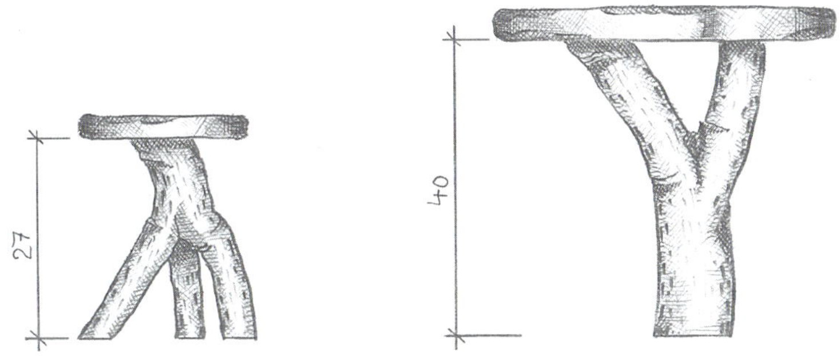

HOCKER UND TISCH AUS ASTHOLZ

Nur noch im Heimatmuseum findet man heute solche Stühle aus Astgabeln. Oft wurden sie auch als Melkschemel benutzt.

In der Scheune

Gerätschaften zur Bearbeitung des Feldes wie Sense, Rechen oder Heugabel werden zum Schutz vor Kälte und Nässe in der Scheune aufbewahrt. Gerade für Kinder ist es interessant zu sehen, wie früher gearbeitet wurde.

Dengelbock

Ein Aststück wird ca. 10 mm tief und 3 mm breit ausgesägt. Wie auf der Zeichnung zu sehen, werden die konisch geschnitzten Füße in das Sitzbrett geleimt und das Brett anschließend in den Holzstock eingepaßt. Für das Dengeleisen bohren Sie in der Mitte des Holzstocks ein Loch und klopfen einen Hufnagel ein.

Ein Hufnagel wird als Dengeleisen verwendet. Beim Dengelhammer aus Holz kann der Kopf auch grau bemalt werden.

Bank

Quer zum Sitzbrett leimt man an die Unterseite zwei Leisten, bohrt leicht schräg die Zapfenlöcher für die Füße und paßt diese ein.

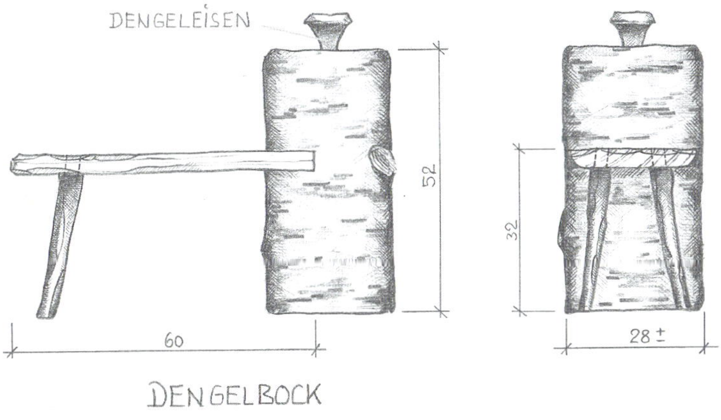

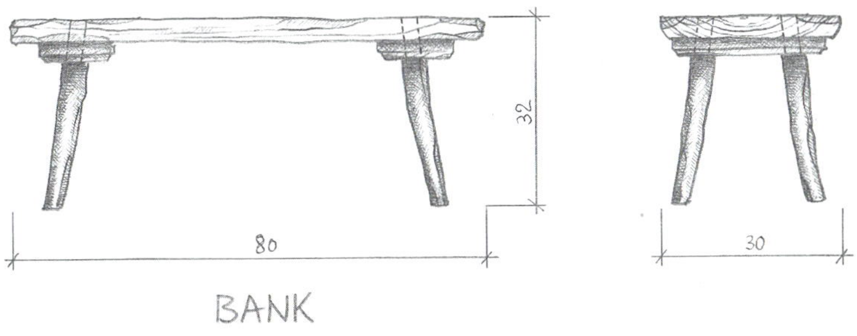

Rechen

Es gibt sie in einer solchen Vielzahl von Ausführungen, daß man fast ein eigenes Buch schreiben könnte. Auf der unteren Zeichnung sehen Sie eine Auswahl von vier Rechenarten, wobei der Rechenkamm stets der gleiche bleibt. Die Rechen unterscheiden sich nur durch die Befestigung des Stieles.

Beginnen Sie immer mit dem Rechenkamm, und verwenden Sie dazu feingemaserte Hölzer (z. B. Ahorn, Linde, Birke). Will man mehrere Rechen bauen, so bohrt man in eine längere Leiste im Abstand von 5 mm Löcher, setzt die Zähne ein und sägt die Kämme in der gewünschten Länge ab. Beim Bohren der Stiellöcher muß man äußerst behutsam vorgehen, um ein Springen der sehr dünnen Leisten zu vermeiden. Der Rechenstiel kann verdrahtet, gespalten oder mit eingesetztem Mittelstück gefertigt werden. Eine Astgabel eignet sich ebenfalls. Will man den Stiel etwas spalten, muß er vorher mit Draht oder Bindfaden umwickelt werden, um ein ganzes Aufspalten zu vermeiden.

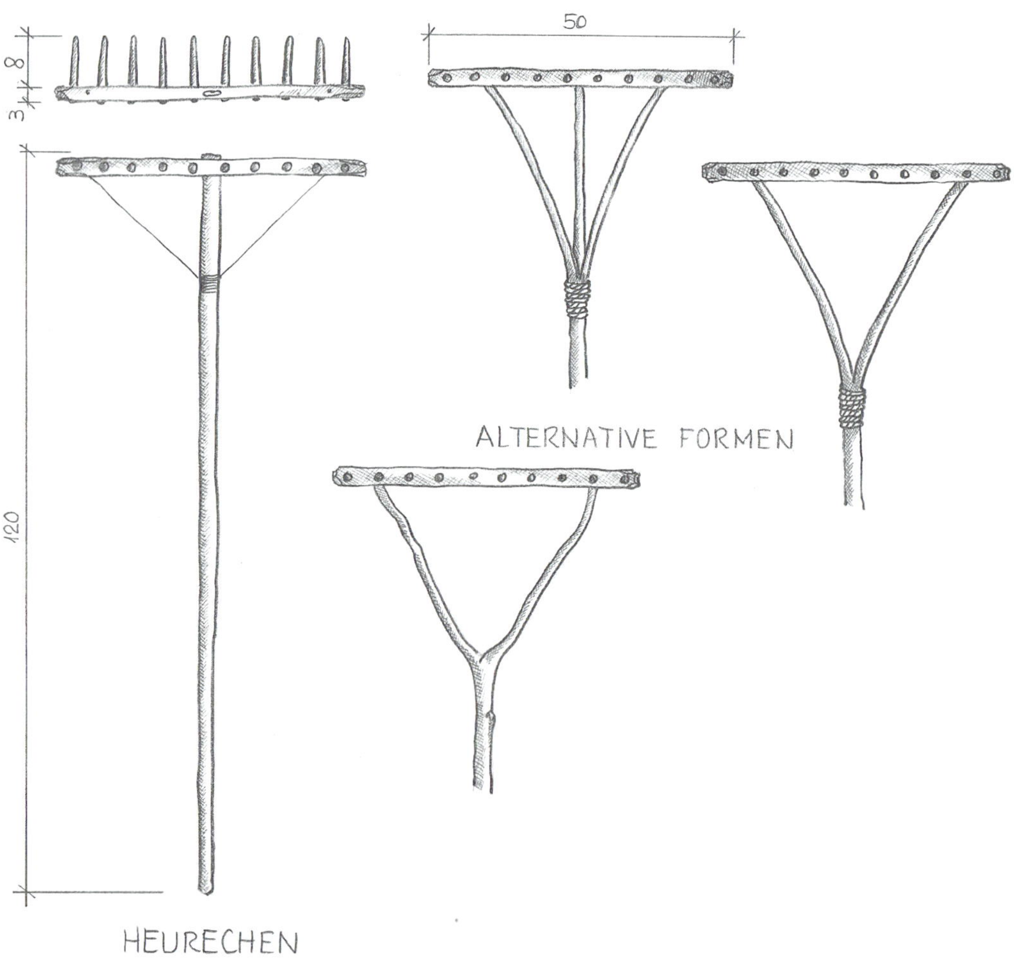

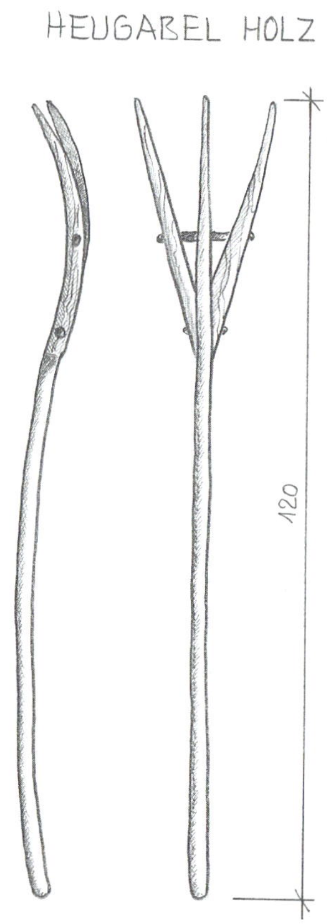

Heugabel

Die älteste Form der Gabel ist die naturgewachsene Heugabel, die über zwei oder drei Zinken verfügt. Mit etwas Glück findet man ein solches Ästchen im Wald. Eine traditionelle Holzgabel zu basteln, ist nicht ganz einfach, aber die Mühe lohnt sich.

Auch hier gilt es, wie für alle feinen Holzarbeiten, nur gutes Material zu verwenden. Sie übertragen die gebogene Form der Gabel mit einem Stift auf ein ca. 5 mm starkes Brett und sägen diese mit der Laubsäge aus. Werden drei Bretter aufeinander genagelt, so spart man sich Arbeit und Zeit. Von zwei Teilen werden die Zinken im spitzen Winkel abgesägt und an das Mittelstück geleimt. Ist der Leim gut ausgetrocknet, bohren Sie die Löcher für das Verbindungsholz und leimen es ein.

Mit viel Gefühl können jetzt der Stiel und die Zinken mit dem Schnitzmesser nachgearbeitet werden. Wenn Ihnen die Holzgabel beim ersten Mal nicht gelingt, kann ich Sie trösten: Mir ging es nicht anders.

Mistgabel

Der Gabelstiel wird mit einem 2,5 – 3 mm-Bohrer ausgebohrt. Die drei Zinken aus Draht klopfen Sie an der Stielseite flach und feilen sie auf ca. 1 mm Breite ab. Bedenken Sie, daß alle drei Zinken in das Bohrloch am Stiel passen müssen. Vorher werden sie aber auf die richtige Länge gekürzt, mit der Feile angespitzt und in Form gebogen. Um das Ausbrechen der Bohrung zu vermeiden, wickeln Sie dünnen Draht um den Stiel oder stecken einen Metallring darauf.

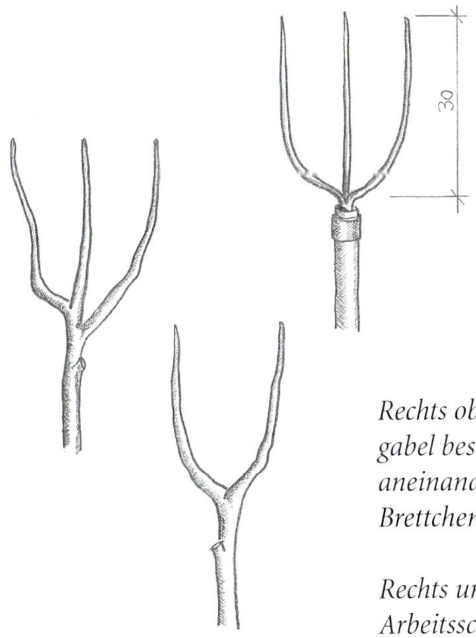

HEUGABELN
ALTERNATIVE FORMEN

Rechts oben: Eine Heugabel besteht aus drei aneinander genagelten Brettchen.

Rechts unten: Fünf Arbeitsschritte brauchen Sie zur Herstellung einer Mistgabel.

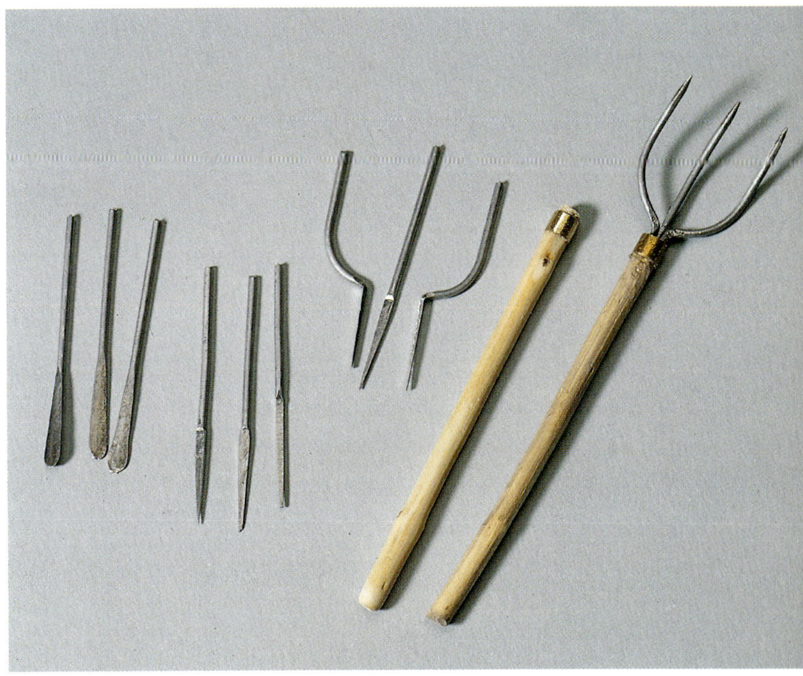

Dreschflegel

Einfach und leicht ist hingegen der Dreschflegel zu bauen. Am Stielende wird ein schmales Lederband mit Bindfaden befestigt. Ein zweites Band wird auf die gleiche Weise am Schlagholz montiert.

Sense

Wie beim Rechen gibt es auch innerhalb der Sensen unzählige Varianten, je nach Verwendung und Region wurden sie unterschiedlich gefertigt. Den Sensenstiel bauen Sie entsprechend der Zeichnung. Die Handgriffe werden gebohrt und mit Holznägeln verbunden. Etwas Erfahrung im Bearbeiten von Metall sollte man schon mitbringen, wenn die Sense aus Blech bestehen soll. Die Form des Blattes, einschließlich der Befestigung am Stiel, wird mit der Laubsäge ausgeschnitten. Spannen Sie dazu ein Laubsägeblatt für Metallbearbeitung ein.
Mit einem kleinen Hammer klopft man daraufhin das Sensenblatt auf einem Eisenklotz leicht hohl. Die Stielbefestigung biegt man mit einer Rundzange in Form und paßt den Stiel ein.
Schneller und leichter stellt man das Sensenblatt aus Holz her. Ein dünnes Holzbrettchen wird in Form eines Blattes gesägt, der Stiel ca. 10 mm eingeschnitten und das Sensenblatt eingeleimt. Die Sichel fertigt man in derselben Weise an. Sie steckt in einem Holzgriff, der aus einem Aststück geschnitten wird.

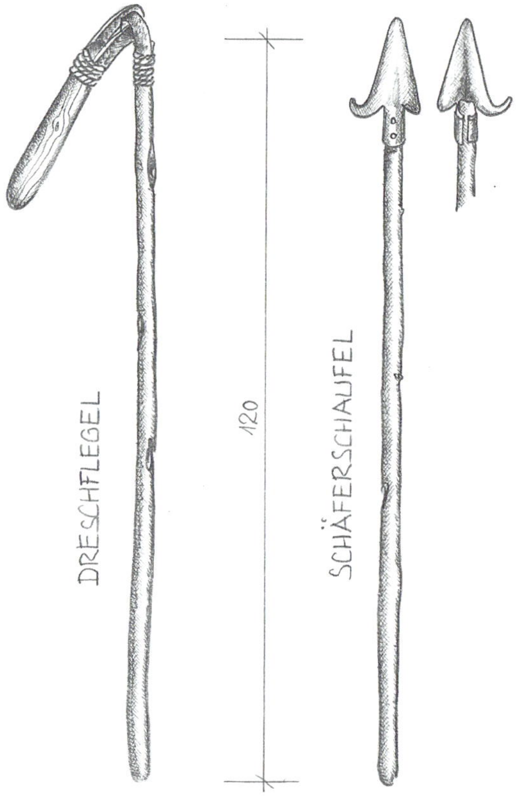

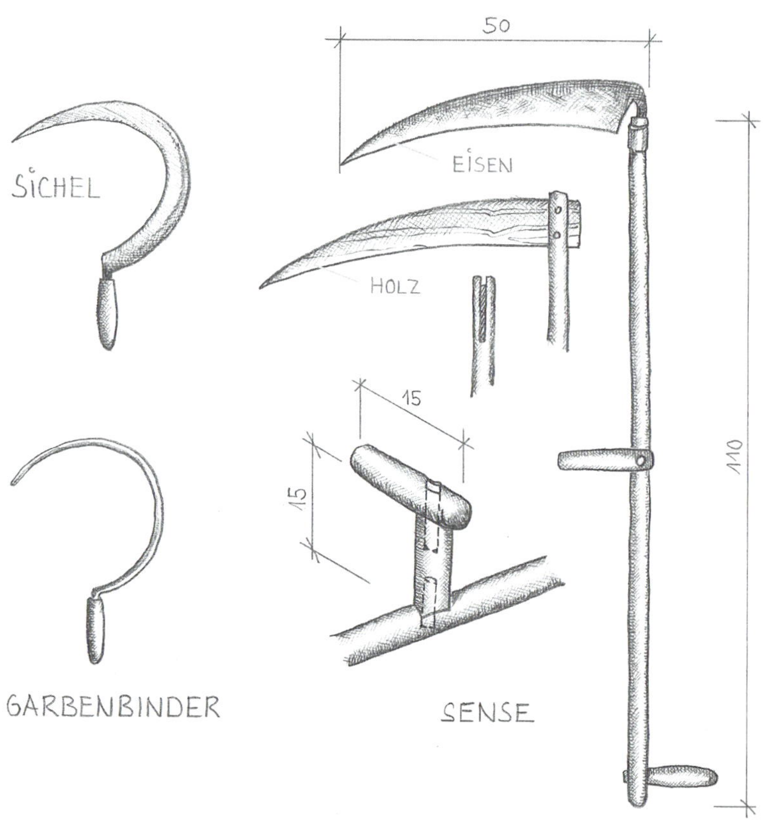

Mit dem sogenannten Garbenbinder faßte man früher die Getreidehalme zu einem Bündel zusammen, umwickelte sie mit Stroh und stellte sie zum Trocknen auf. Biegen Sie den Draht über ein Rundholz und setzen Sie ihn auf den Handgriff.

Spaten

Wenn der Spaten aus Blech gefertigt werden soll, geht man genauso vor wie bei der Sense. Alternativ dazu läßt sich der Spaten auch aus Holz herstellen.

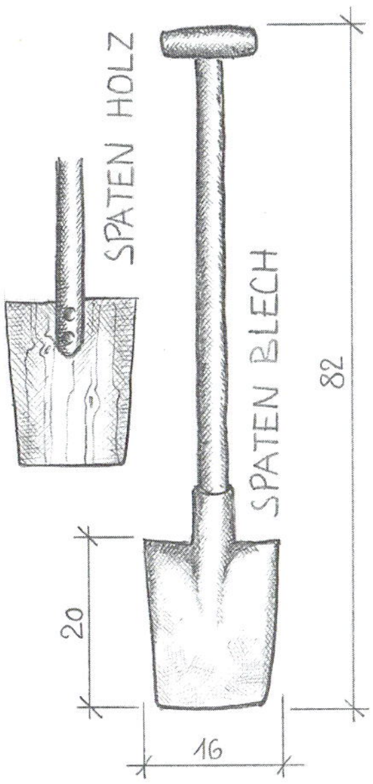

Schäferschaufel

Auch hier lesen Sie bitte den oben beschriebenen Text zur Bearbeitung von Blech. Es erfordert jedoch einiges Geschick und Geduld, die Schäferschaufel in die richtige Form zu hämmern. Nach den Erfahrungen mit den anderen Blecharbeiten wird es Ihnen aber sicherlich gelingen, auch diese Schäferschaufel herzustellen.

Unten: Aufgeräumt an der Scheunenwand hängt der Dreschflegel. Säge und Sense stehen daneben.

Eine Zimmer=mannswerkstatt

Die Bibel berichtet, daß Josef ein Zimmermann war. In vielen Krippen befindet sich daher eine authentisch nachgebildete Werkstatt.

Schleifstein

Wenn Sie alle Teile vorbereitet haben, sägen Sie die Leisten wie in der Zeichnung beschrieben zu. Daraufhin verleimen Sie die Hölzer der beiden Seitenteile. Nach dem Trocknen werden sie aufeinander gelegt und das Loch für die Achse gebohrt. Beachten Sie, daß die Bohrung größer sein muß als der Durchmesser des Drahtes. Jetzt können die Seiten auf der Bodenplatte montiert und die Verbindungsbretter angeleimt werden.
Von einem 30 mm starken Rundholz sägt man den 10 mm dicken Schleifstein ab und bohrt ihn in der Stärke des Drahtes. Um das steinige Aussehen zu erreichen, streicht man die Scheibe mit Leim ein und legt sie in Vogelsand. Zum Trocknen sollte der Schleifstein möglichst frei hängen. In der Zwischenzeit können Sie den Draht für die Kurbel biegen. Im Bereich des Schleifsteins wird der Draht breiter geklopft, um ein Durchdrehen der Scheibe auf der Achse zu verhindern.
Schnitzen Sie die Kanten des Schleifbocks noch unregelmäßig nach. Schließlich wird der Drehgriff auf die Kurbel geleimt und der Schleifstein auf den Schleifbock montiert.

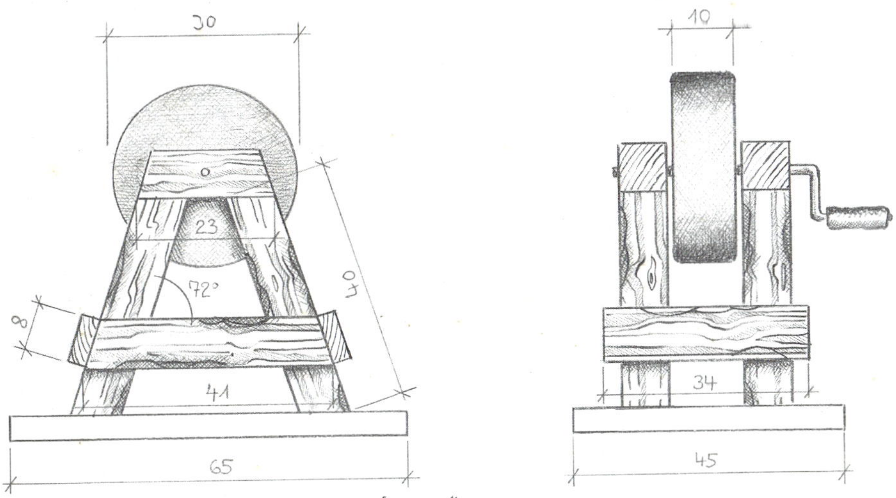

Oben: Wenn Sie die Teile exakt vorbereitet haben, ist der Schleifstein schnell zusammengebaut.

Links: Kurze Arbeitspause in der Werkstatt.

Holzbock

Sägen Sie zunächst die Teile winkelgerecht zu. Der Auflagebalken wird auf der Unterseite 4 mm tief in der Breite der Fußbalken eingesägt und das abfallende Holz mit dem Schnitzmesser entfernt. Die Füße leimen Sie v-förmig ein und bringen die Stege an. Mit einigen Sägeschnitten am Auflagebalken wird dem Arbeitsbock noch das verwitterte Aussehen verliehen.

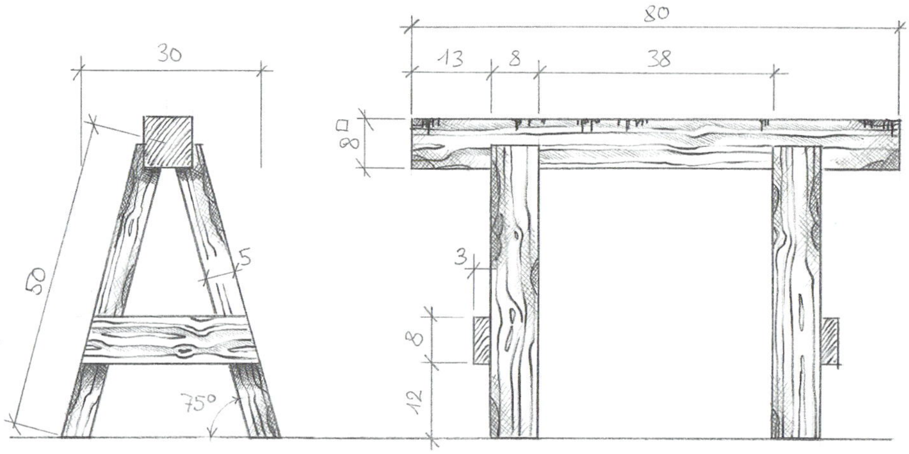

HOLZBOCK

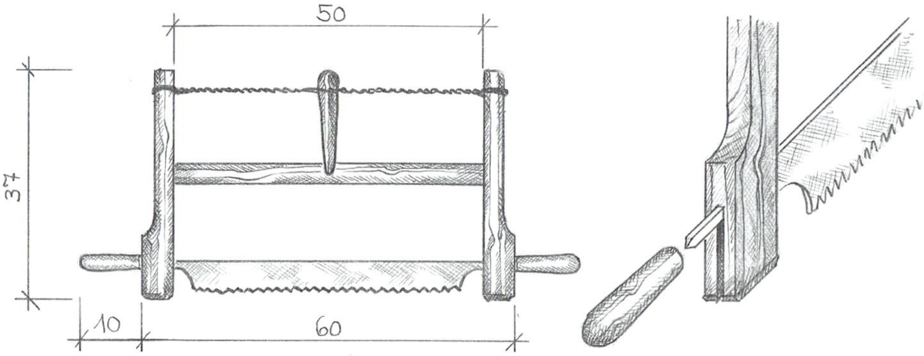

GESTELLSÄGE

Gestellsäge

Wenig Material, aber viel Geduld erfordert die Gestell- oder Spannsäge. Die beiden Sägearme schnitzt man von der Mitte ausgehend (siehe Zeichnung) geringfügig dünner, sägt sie an der Sägeblatthalterung 3 mm ein und leimt zwischen die Arme den Steg. Das Sägeblatt fertigt man aus einem alten, breiten Laubsägeblatt. Für unsere Zwecke wird es gekürzt und an beiden Enden auf der Zahnseite abgefeilt. Das gerichtete Sägeblatt leimen Sie in die Schlitze an dem Sägegestell so ein, daß jeweils ca. 3 mm über den Rahmen hinausstehen. Auf diese Überstände werden die vorgebohrten Hörnchen (Griffe) geleimt. Lassen Sie alles gut trocknen. Legen Sie die Spannschnur über die Sägearme und drehen Sie diese mit dem Spannholz ein. Das Spannholz muß so lang sein, daß es am Steg arretiert werden kann.

Schnitzbank

Aus dem Sitzbrett wird mit der Laubsäge die Aussparung für den Druckbalken gesägt, ebenso bei der Werkstückauflage. Beides wird miteinander verleimt.
Die Füße werden wie oben beschrieben eingezapft. Den Druckbalken fertigt man aus einem Stück. Sägen Sie den Rohling in Längsrichtung auf drei Seiten bis zum Kopf ein, mit drei weiteren Sägeschnitten entfernen Sie das abfallende Holz. Der Kopf wird dreiseitig halbrund gefeilt. Daraufhin wird in die Werkstückauflage mittig das Loch für die Achse gebohrt. Durch das Einstecken der Achse kann der genaue Bohrpunkt am Druckbalken ermittelt werden. Bohren Sie noch die Löcher für Achse und Fußholz und bauen Sie die Teile zusammen.

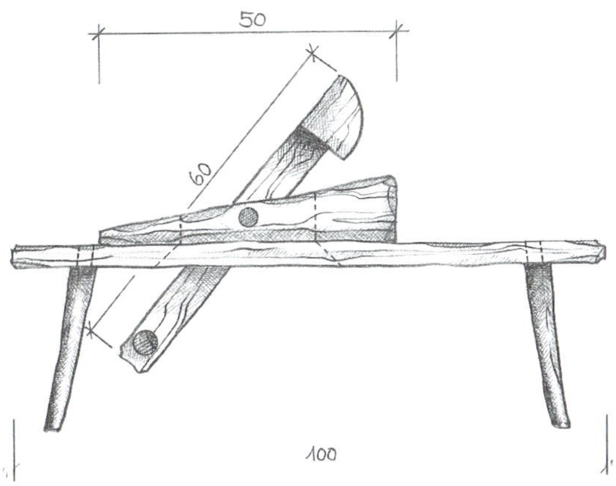

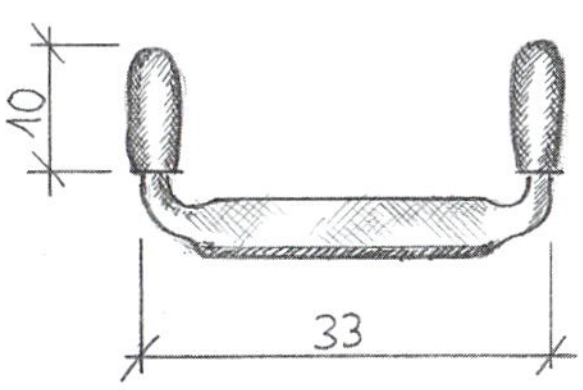

Oben: Die Schnitzbank fehlte früher auf keinem Bauernhof.

Unten: Aus diesem Bretterstapel läßt sich noch viel Krippenzubehör bauen.

Zugmesser

Es handelt sich um ein Universalmesser, das einst zum Entrinden und Rundschnitzen von Hölzern verwendet wurde. Ein etwas stärkerer, ca. 40 mm langer Draht wird mittig 20 mm breit flachgeklopft und an den Enden im rechten Winkel gebogen. Setzen Sie noch die Handgriffe auf und fertig ist das Zugmesser!

Dank

Der Autor bedankt sich bei der Firma Dick GmbH, Postfach 1127, D-94523 Metten, für die großzügige Bereitstellung des japanischen Werkzeuges.

Ein persönlicher Dank des Autors gilt der Firma Marion Dürr, Talweg 5, D-86978 Hohenfurch, für die anregende Zusammenarbeit und die Bereitstellung der im Buch abgebildeten Figuren.

Handbohrer

Sägen Sie von einem 4 mm starken Rundholz 25 mm ab, bohren es in der Mitte an und schleifen es nach den Seiten leicht konisch zu. Ein 35 mm langer Draht wird auf eine Länge von 30 mm breitgehämmert. Sie spannen die breite Seite in einen Schraubstock und drehen mit einer Zange den Draht zu einer Spirale. Mit der Feile wird der Bohrer geschärft und anschließend in den Griff geleimt.

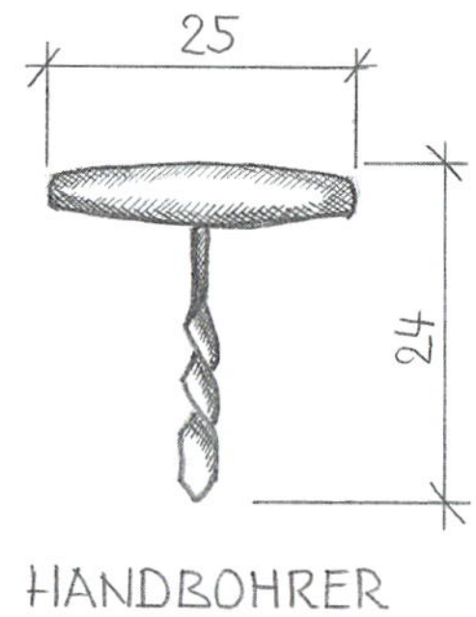

Hammer

Die drei Hämmer auf der Zeichnung unterscheiden sich nur durch verschiedene Köpfe. Bohren Sie zunächst das Loch für den Hammerstiel in die Leiste und passen Sie dann den Stiel, der konisch zugeschliffen ist, ein. Entsprechend Ihrer Wahl können Sie jetzt einen Schreiner-, Dengel- oder Schlosserhammer daraus machen.

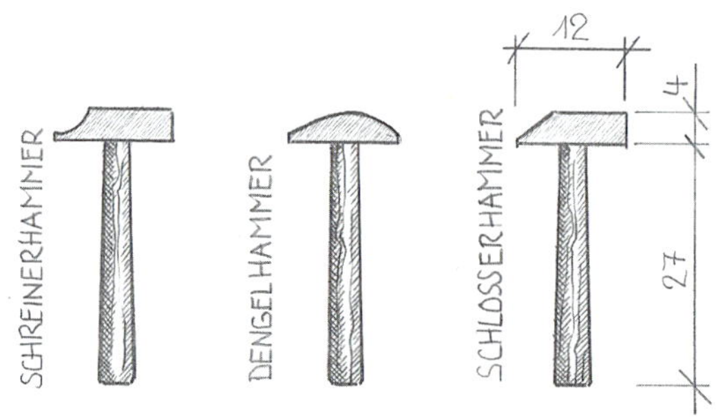

Leimtopf

In ein 20 mm-Rundholz wird zunächst ein 15 mm großes Loch gebohrt. Daraufhin werden die Bohrungen für den Henkel ausgeführt und der aus Draht gebogene Henkel daran befestigt. Für den Pinsel zerschneiden Sie am besten einen alten Borstenpinsel. Mit Bindfaden umwickelt man einen Büschel der Borsten, schneidet sie sauber ab und leimt ein 2 mm-Rundholz an der Bindung ein.

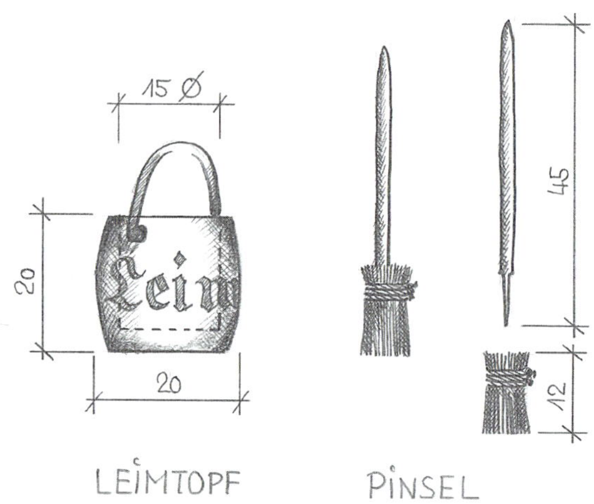